La mayoría de nosotros tenen
espiritual. ¿Qué es? ¿Es para
director espiritual? Estas y otra
en este libro escrito por Dan Burke. Nuestro Señor está claramente llamando a todos los Católicos a una unión más profunda con Él. Este libro, de estilo práctico e inspirador, nos otorga una pequeña muestra de la perenne y más elevada sabiduría de la Iglesia sobre cómo contestar a esta llamada.

—*Ralph Martin, PhD, presidente de Renewal Ministries*
(Ministerios de Renovación)
y autor de El Cumplimiento de Todo Deseo

Nadie busca a Dios a solas. Todos necesitamos ayuda. Pero este peregrinaje espiritual no debe ser tan complicado. ¡Gracias a Dios, tienes en tus manos un manual simple y práctico de cómo se debe buscar a Dios! Es informativo, sucinto, lógico y equilibrado...un soplo de aire fresco para aquellos pulmones espirituales que desean respirar la fragancia de Dios.

—*Sor Regina Marie Gorman, OCD, Vicaria General*
Hermanas Carmelitas del Sagrado Corazón de Los Ángeles

En mi capacidad de director espiritual, ¡estoy entusiasmado que Dan Burke haya escrito este libro! He estado esperando un libro como este por mucho tiempo. Uno, como este, que nos ofrece una representación honesta, directa y realista de como crecer en la vida interior, y que, sin duda, va a redundar en gran beneficio de los directores espirituales y de todos aquellos que buscan una buena dirección espiritual.

—*Reverendísimo Donald Calloway, MIC, STL*
autor, No Turning Back: A Witness to Mercy
(No hay Vuelta Atrás: Testigo a la Misericordia)

Navegando la Vida Interior es el libro que la Iglesia moderna estaba esperando. Dan Burke combina una serie de percepciones espirituales fascinantes con muchos consejos prácticos y concretos que devendrán en una transformación verdadera e inmediata de tu vida.

—*Jennifer Fulwiler, autora, periodista para el* National Catholic Register (Registro Nacional Católico), y *bloguera,*
Conversion Diary (Diario de Conversión)

Del mismo modo que los atletas serios pecan de insensatos al no buscar la ayuda de instructores expertos y entrenadores deportivos para ayudarlos a aprender de la experiencia atlética y deportiva de otros y cómo desarrollar mejor sus habilidades naturales, para el cristiano que persigue la santidad, resulta muy imprudente no buscar el consejo y la dirección espiritual de mentores sabios y experimentados en la vida espiritual. *Navegando la Vida Interior* de Dan Burke es un libro sumamente práctico para ayudar al católico serio a aprovecharse de la riqueza de experiencia y conocimiento de los que han caminado el camino a la santidad por los últimos 2,000 años.

Así como los atletas bien intencionados pueden perder el tiempo, causarse daño a sí mismos, y a su equipo siguiendo un programa de entrenamiento mal diseñado, la historia del Cristianismo está igualmente colmada de ejemplos de individuos bien intencionados que se desviaron, haciendo daño a si mismos, y a otros, por seguir un camino espiritual equivocado, desequilibrado e imprudente.

Desafortunadamente, lo que complica la situación aún más, es el hecho de que no todos los que dicen poseer el manto de director espiritual son realmente competentes para guiar a otros hacia la santidad. Dan Burke da consejos muy prácticos no sólo para encontrar un buen director espiritual, sino también para acceder, de la mejor manera, la riqueza de recursos que constituye nuestra tradición Católica, lo que puede ayudarnos a desarrollar nuestra amistad con Jesús y nuestro crecimiento en la virtud.

—Arzobispo Joseph F. Naumann,
Arquidiócesis de Kansas City en Kansas

No existe mejor tiempo que el presente para un recurso tan sólido sobre la dirección espiritual como este libro. Actualmente estamos a los comienzos del "Año de Fe" y si vamos a crecer en nuestra fe necesitamos, previamente, contar con una dirección espiritual buena y sólida para ayudarnos en este caminar hacia Dios. El libro de Dan Burke nos proporciona una guía certera, paso a paso, para todos aquellos que tal vez estén buscando la dirección espiritual por primera vez, así como para aquellos que tienen la esperanza de profundizar su relación con Cristo y Su Iglesia.

—Teresa Tomeo, presentadora de un programa Católico
de entrevista, autora más vendida y conferencista inspiradora

En mi capacidad de director espiritual, ¡estoy entusiasmado que Dan Burke haya escrito este libro! He estado esperando un libro como este por mucho tiempo. Uno, como este, que nos ofrece una representación honesta, directa y realista de como crecer en la vida interior, y que, sin duda, va a redundar en gran beneficio de los directores espirituales y de todos aquellos que buscan una buena dirección espiritual.

—*Reverendísimo Donald Calloway, MIC, STL*
autor, No Turning Back: A Witness to Mercy
(No hay Vuelta Atrás: Testigo a la Misericordia)

Navegando la Vida Interior es el libro que la Iglesia moderna estaba esperando. Dan Burke combina una serie de percepciones espirituales fascinantes con muchos consejos prácticos y concretos que devendrán en una transformación verdadera e inmediata de tu vida. .

—*Jennifer Fulwiler, autora, periodista para el* National Catholic Register (Registro Nacional Católico), y *bloguera,* Conversion Diary (Diario de Conversión)

Si tu te percatas del libro *Navegando la Vida Interior: Dirección Espiritual y la Jornada a Dios* y piensas, "estoy demasiado ocupado para tener una dirección espiritual" o "mi peregrinaje espiritual y mi camino con Dios va muy bien, ¡así que no gracias!,"hágase un favor y compre este fantástico libro. Más allá de la introducción que contiene sus excelentes capítulos iniciales, la cual ayuda a comprender y a participar en un curso de dirección espiritual, la obra fenomenal de Dan Burke establece las bases para un verdadero y genuino retorno personal, por parte de cualquier persona, hacia una vida de fe y a una verdadera relación con Jesucristo. A la vez que provee con información útil y concisa sobre la creación, cultivación y sostenibilidad de las relaciones efectivas de la dirección espiritual, el contenido del libro se sumerge profundamente en resolver la cuestión de cómo vivir una genuina vida llena de virtudes. Dan Burke es un guía confiable para ayudarte a enfrentar la realidad de la radicalidad de los pecados que causan tu separación de Cristo, y para ayudarte a ir más allá de esos pecados, con una regla de vida guiada por la virtud que ayudará a cualquiera a progresar en su vida interior de una manera constante y dedicada.

—*Lisa M. Hendey, fundadora de CatholicMom.com*
(Mamá Católica) *y autora de* A Book of Saints for Catholic Moms (Un Libro de Santos para Madres Católicas)

Todos los que buscan a Dios sinceramente tienen que leer este libro que esta escrito para ellos -- es una de las guías para la vida espiritual más única y consumada que he visto. En *Navegando la Vida Interior*, el autor nos ofrece una brújula inequívoca hacia el agua de vida de la cual todos tenemos estamos sedientos.

—Donna-Marie Cooper O'Boyle, presentadora en EWTN, oradora y autora de muchos libros incluyendo Rooted in Love: Our Calling as Catholic Women (Basadas en Caridad: Nuestra Llamada como Mujeres Católicas)

Me considero uno de muchos de aquellos que han necesitado dirección espiritual en su vida, por mucho tiempo, pero que se han sentido inseguros acerca de como comenzar a buscarla o de quien recibirla. El maravilloso nuevo libro de Dan Burke está lleno de sagacidad práctica y sana enseñanza de la Iglesia sobre como navegar y crecer en nuestra vida interior. Voy a referir y recomendar esta perla de sabiduría por el resto de mi vida. ¡Bien hecho!

—Randy Hain, editor principal de la revista electrónica Integrated Catholic Life (Vida Católica Integrada) *y autor de* The Catholic Briefcase: Tools for Integrating Faith and Work (El Maletín Católico: Herramientas para Integrar Fe y Trabajo) y Along the Way: Lessons for an Authentic Journey of Faith (De Camino: Lecciones para una Jornada de Fe Autentica)

Este libro constituye, para todo católico, una argumentación muy persuasiva a favor de la necesidad, casi universal, de tener una dirección espiritual. Ofrece una riqueza de sabiduría sobre la preparación para, y el uso correcto de, la dirección espiritual. Se apoya sólida y convincentemente en la tradición Católica de teología mística. Hasta una tercera parte del libro provee una guía útil y detallada para la auto evaluación espiritual. Dan Burke nos ofrece una analogía muy apropiada para el uso de la dirección espiritual: Manejando por el camino del crecimiento espiritual, la dirección espiritual es como un parabrisas limpio, un buen espejo retrovisor, con espejos laterales que nos ayuda a lidiar con los puntos ciegos al manejar.

—Reverendo Ray Ryland, PhD, JD, Columnista para The Catholic Answer (La Respuesta Católica) *y Capellán del* Coming Home Network (Cadena Regresando a Casa)

Constituye una gracia especial el poder confiar la dirección de tu alma a alguien, porque es demasiado fácil perdernos en nuestro camino hacia Dios. Un buen director espiritual te puede ayudar a preservar tu compostura interior, particularmente durante temporadas de estancamiento, indiferencia y desaliento espiritual. Constituye un gozo especial poder mostrarle tus pensamientos y sentimientos más íntimos a una persona que te puede asistir espiritualmente; alguien que te entiende, que te apoya y que ora por ti. Con este manual, Dan Burke nos ha provisto con un mapa claro sobre cómo encontrar esa persona y escoger ese camino. ¡Síguelo! Te cambiará la vida para siempre.

—Terry Polakovic, fundador de ENDOW

En este libro, Dan Burke coloca una brújula espiritual en nuestras manos -- la brújula de dirección espiritual centrada en Cristo. Te recomiendo mucho leer este libro. Este provee un gran servicio a cualquier persona que está buscando dirección espiritual y que desea profundizar su relación con Cristo.

—Sor Timothy Marie, OCD, Monjas Carmelitas del Sagrado Corazón de Los Angeles

Este libro contiene una sobreabundancia de "ayudas" espirituales específicamente diseñadas para aquellas personas que se hallan en busca de una dirección espiritual sana, y que quieren aprender cómo ordenar y cultivar correctamente una buena vida interior. Dan Burke ha escrito el "más primordial y único recurso" para resolver cualquier duda o pregunta acerca de la dirección espiritual y sobre el desarrollo de la vida espiritual. Toda la información que necesitas sobre este tema, de una fuente confiable -- ¡Se los recomiendo mucho!

—Sharon Lee Giganti, oradora de Catholic Answers (Respuestas Católicas) y experta sobre el tema de la Nueva Era

Navegando la vida interior

NAVEGANDO LA VIDA INTERIOR

LA DIRECCION ESPIRITUAL Y EL CAMINO A DIOS

DANIEL BURKE

CON LA COLABORACIÓN DEL
PADRE JOHN BARTUNEK, LC, STL

Navegando la Vida Interior was previously published by Emmaus Road Publishing, 827 North Fourth Street, Steubenville, Ohio 43952.

Diseño del texto: Theresa Westling
Diseño cubierta : Claudia Volkman
Traducción por: Elizabeth Estler, Rosa Cabán y Monica Arroy
Impreso en EE.UU.

Sophia Institute Press
Box 5284, Manchester, NH 03108
1-800-888-9344

www.SophiaInstitute.com
Sophia Institute Press® is a registered trademark of Sophia Institute.

Nihil Obstat: Colin B. Donovan, S.T.L., *Censor Deputatus*
Imprimatur: † Robert J. Baker, S.T.D., Obispo de Birmingham

SPA POD 2025

Al gran amor de mi vida, Stephanie.

Como lo ha hecho siempre, la Iglesia sigue recomendando la práctica de la dirección espiritual, no sólo a quienes desean seguir al Señor de cerca, sino a todo cristiano que quiera vivir con responsabilidad su Bautismo, es decir, la vida nueva en Cristo. De hecho, todos, y de modo especial, los que han acogido la llamada divina a seguirlo más de cerca, necesitan ser acompañados personalmente por un guía seguro en la doctrina y experto en las cosas de Dios; este puede ayudarlo a evitar fáciles subjetivismos, poniendo a disposición su bagaje de conocimientos y experiencias personales en el seguimiento a Jesús. Se trata de instaurar la misma relación personal que el Señor tenía con sus discípulos, el vínculo especial con el que los condujo, tras de sí, a abrazar la voluntad del Padre (cf. *Lc* 22, 42), es decir, a abrazar la cruz.

—Papa Benedicto XVI

19 de mayo de 2011

http://www.vatican.va/holy_father/benedict_xvi/speeches/2011/may/documents/hf_ben-xvi_spe_20110519_teresianum_sp.html

TABLA DE CONTENIDOS

PRÓLOGO

¿Cuántas veces has abierto un libro que te promete cambiarte la vida, sólo para sufrir una gran desilusión al final (o mucho antes de terminar el libro) al descubrir que, en realidad, no lo entendiste o que no estabas de acuerdo con él, o que simplemente no estabas dispuesto a ejercer el nivel de autodisciplina necesaria para seguir cabalmente los consejos del autor para perder peso, mejorar tu memoria, aumentar tu velocidad de lectura rápida, o presentarte como candidato a un puesto político y convertirte en gobernador de tu estado?

Este libro, el que ahora tienes entre tus manos, es substancialmente diferente a todos estos. Pero antes de decirte por qué, tal vez sería útil compartir el punto de vista privilegiado que sostengo, y de donde parto para atreverme a ofrecerte tal afirmación. Por la gracia y la misericordia de Dios, he sido sacerdote durante treinta años y, en todo ese tiempo, he tenido el privilegio de proveer dirección espiritual a muchísimas almas, cubriendo una amplia gama de personalidades, desde un candidato para juez de la corte suprema, un senador de los Estados Unidos, un famoso presentador de televisión de un reconocido programa de entrevistas, sacerdotes y religiosas de diversas órdenes, y hombres y mujeres laicos buenos y trabajadores. Desde donde me encuentro hoy, espiritualmente hablando,, no hay nada más importante que la búsqueda agresiva del progreso de nuestra relación con Dios.

¿Por qué? Porque la muerte es inevitable. Hoy por hoy billones de dólares se gastan incesantemente, cada año, para curar enfermedades, para hacer retroceder el comienzo de enfermedades crónicas o fatales, y—en el caso de muchos ateos intransigentes—para tratar de prolongar la vida por miles de años, anticipando aquel tiempo cuando la humanidad vaya a lograr la inmortalidad. Hasta un ex presidente de EE.UU. llego a decir: "Deseo que obtengamos un nivel de descubrimiento científico ilimitado, y quiero aplicaciones [científicas] ilimitadas. Queremos vivir para siempre y nos estamos acercando a esa meta" (William Jefferson Clinton).

Pero para aquellos de nosotros que somos fieles Católicos practicantes, sabemos que el trabajo más importante de esta vida es prepararnos para la próxima, donde verdaderamente seremos inmortales. Lo cual implica, mínimamente , el tratar de mantenernos en amistad con Dios, es decir, el estado de gracia unido a la ausencia de pecado mortal. De manera más ambiciosa, este objetivo implica el prepararnos tan bien para nuestro encuentro, cara a cara, con Jesús y para nuestro juicio particular después de la muerte que podamos mantener una real expectativa de ser considerados dignos para entrar al cielo inmediatamente, escapando así las penas y tormentos del purgatorio. Incluso, tal vez, si nuestros esfuerzos para cooperar con la gracia de Dios llegan al estado heroico, podremos ganarnos un asiento de primera fila frente a la Santísima Trinidad, para toda la eternidad. Después de esto y en segundo plano, nuestra labor más importante en este planeta (o en cualquier otro que la humanidad colonice en el futuro) es ayudar a cuantos hombres y mujeres sea posible a llegar al cielo junto a nosotros, por medio del testimonio de fe que constituye nuestra vida familiar, nuestras amistades y el ejemplo de fe que damos a través de una vida honesta, correcta y ejemplar.

¿Puedes ver cuan sencillo es hacer todo esto?

Por supuesto que no, obviamente todos que sabemos que esto no es, ni de lejos, tan fácil como parece. Pero también sabemos que la Iglesia nos proporciona todos los instrumentos que necesitamos para asegurarnos que nuestra jornada por la vida termine en el cielo: el destino que Dios nuestro Padre, Salvador y Santificador desea para todos nosotros. Pero ¿cuáles son estos medios ordinarios? Principalmente los siete sacramentos, con un énfasis particular en el Bautismo, la Eucaristía, y el sacramento de la Reconciliación, que son necesarios para la salvación si están disponibles a la persona; luego viene la oración personal, con un énfasis particular en la meditación sobre las Sagradas Escrituras (particularmente el Nuevo Testamento), donde aprendemos a conocer, amar e imitar mejor a Nuestro Salvador y a encontrar modelos dignos de fervor apostólico en los Actos de los Apóstoles y en las primeras epístolas de la Iglesia.

Claro que la Iglesia nos ofrece mucho más que los instrumentos y recursos básicos. Por ejemplo, ella nos ofrece el ejemplo de los santos a lo largo de los siglos y protege nuestra fe con la autoridad magistral de la Iglesia, ejercitado por el Santo Papa y los obispos en comunión con él. Gracias a esta autoridad magistral, personalmente instituida por Nuestro Señor, los fieles cristianos han podido mantenerse en el camino correcto desde los primeros días de la Iglesia, seguros de la promesa de Nuestro Señor que las puertas del infierno no predominarán contra Su Iglesia. Si son fieles a la iglesia, saben que pueden esperar, con confianza, la segunda venida de Cristo en Su gloria en el día del Juicio Final, tras lo cual Él conducirá los que se han salvado al nuevo cielo y al nuevo mundo.

Encima de todo, hay muchísimos más inspiradores regalos de la cultura Católica producto de la civilización occidental: el cántico, los himnos, las catedrales, los días feriados, la filosofía realista de los filósofos medievales, el carácter sagrado del matrimonio y la familia, la música de Mozart, de Beethoven, de Bach, el arte de Giotto, Rafael, Miguel Ángel, y Rubens y tantos otros. La lista sigue, y por lo que sabemos puede que lo mejor esté por venir, aunque es difícil creer que desde nuestra perspectiva actual, inmersos hoy por hoy en lo que a veces parece una época de oscurantismo cultural. Después de todo, Dios está lleno de sorpresas para sus niños y niñas queridas, a quienes Él ha redimido a un precio tan alto. Quién sabe qué forma tomará Su divina inspiración antes de que Dios ponga punto final a su obra para ejercer Su justicia y misericordia de acuerdo a los dictámenes del libre albedrío que rige la humanidad, y las decisiones libres que los hombres y las mujeres han hecho desde que despertaron en el Edén.

Sin embargo, ninguna de las ayudas arriba mencionadas, que están disponibles para los católicos constituye el tema central de este libro. En cambio, , el autor se decidió por explorar otra de las grandes ayudas que la iglesia ofrece a sus hijos y que esta disponible para todos los Católicos, una ayuda que se constituye en un verdadero *vade mecum* (¡como tarea para la casa, busca el significado de esta frase en Latín!) moderno sobre aquella ayuda espiritual algo olvidada y muy descuidada, pero esencial para santidad, conocida como dirección espiritual. De alguna manera, a través de un número de páginas relativamente bajo, el Señor Burke ha logrado explicar, con gran claridad, precisión y erudición, qué es la dirección espiritual y cómo puedes aprovecharla al máximo.

Pero ¿por qué esto es tan importante ahora? En primer lugar porque todavía estamos muy al comienzo del proceso histórico de adecuación y aplicación del mensaje central del Concilio Vaticano II a la vida diaria de la iglesia, es decir, la llamada universal a la santidad. Contrariamente a lo que algunos puedan pensar, la santidad no es el monopolio de los sacerdotes y religiosos, a pesar de la gran deuda que la Iglesia debe a todos aquellos que han sido llamados a esas maravillosas vocaciones. Sin embargo, en los próximos siglos probablemente seremos testigos de la canonización de docenas, sino cientos de laicos por la Iglesia. Estos serán laicos que han cooperado con las gracias de Dios para crecer en la santidad, sin necesariamente terminar sus vidas como mártires, al contrario de casi todos los ejemplos de santidad laica vistos hasta este punto).

La mayoría de los santos tuvieron la ayuda de un director espiritual de algún tipo en su camino hacia la santidad. Esta persona, llámese confesor, consultor espiritual, guía un entrenador de salud espiritual (mi designación favorita) es importante sin importar como la designemos, por que todos necesitamos de ayuda experta en esta área. ¿Por qué?

Sobre todo, tal vez, para evitar caer en la tentación de confiar demasiado en nosotros mismos. Al fin y al cabo, ¿ha habido algún santo demasiado orgulloso para pedir consejo sobre como crecer en santidad en su jornada a la vida eterna? Creo que no -- y tú también crees en esto, en el fondo, o no estarías leyendo este libro. Rezo que encuentres la persona o las personas adecuadas para servirte como guías espirituales durante el transcurso de tu vida. Y ahora doy fin a esta nota, a fin de que puedas concentrarte en encontrar todo lo que necesitas saber sobre este tema de la obra de Dan Burke, para que luego puedas seguir esta ayuda sumamente recomendada para la santidad.

--Reverendo C. John McCloskey, Historiador de la Iglesia e Investigador, Faith and Research Institute (Instituto de Investigación y Fe) (www.frmccloskey.com)

PREFACIO

Antes de haber cumplido los 20 años—por la gracia del Espíritu Santo y la tenacidad de un generoso pastor Bautista del sur—tuve un profundo encuentro con Cristo que alteró radicalmente el curso de mi vida. Llegué a conocer a Dios de un modo muy real, palpable y personal, y aprendí que Cristo era verdaderamente quien pretendía ser. Este encuentro me transformó tanto que, en los siguientes quince años, pasé muchas horas estudiando las Escrituras y los primeros padres de la Iglesia, completando finalmente esta fase de mi jornada al convertirme al catolicismo. Mi conversión me proporcionó el próximo paso significativo de mi vida de fe cuando, rápidamente, me di cuenta de que no podía quedarme sentado pasivamente en la banca cada domingo y seguir el paso de mi vida como si nada hubiera pasado. Cristo me llamaba a algo más. Él era real y Su muerte, Su sufrimiento, Su amor y Su presencia me estaba atrayendo a una relación más profunda con Él. Claramente, Cristo me había salvado de una vida de oscuridad y desesperación. Me había dado el regalo de Su cuerpo en la Eucaristía y en Su Iglesia. ¿Entonces, cómo podía yo negarme a contestar Su llamada y ofrecerle todo lo que Él me pedía?

Gracias al divino impulso del Espíritu Santo y el consejo de la Iglesia, me vi forzado a buscar y encontrar un camino de unión más profundo con Cristo. Pero ¿por dónde comenzar? La idea de explorar las grandes profundidades de la abundancia espiritual de la Iglesia constituía un gran desafío; algo que me intimidaba y sobrepasaba. ¿Debiera dedicarme a la espiritualidad Franciscana? ¿Tal vez a la Carmelita, o a la Ignaciana? ¿Cuál de tantas riquezas espirituales y movimientos de la Iglesia era el apropiado para mí? ¿Cuál era el mejor método para crecer en la oración y en la virtud? ¿Cómo podría mejor utilizar los dones y talentos que Dios me había dado para servirlo a Él y a Su Iglesia?

A través de la platica y la conversación con mis amigos que eran fieles Católicos, se me presento la idea de la dirección espiritual, y me quedé intrigado. En los círculos Protestantes, teníamos mentores y nos autoregulabamos. La dirección espiritual era una variante sumamente interesante de este concepto, por lo cual inmediatamente comencé a intentar buscar más información al respecto. Me sorprendí a mí mismo no encontrando mucho que me ayudara personalmente. A pesar de que había mucha información sobre este tema, de algún modo sentía que había mucho que tenía el potencial de causar gran daño espiritual a quien se dedicaba a la Iglesia y las demandas exclusivas de Cristo, pero a la vez desconocía las enseñanzas de la Iglesia sobre la teología mística y la estética.

Después de estudiar el tema como un año, encontré el camino hacia mi primera dirección espiritual. Mi relación con este director en particular y los sucesivos directores que tuve, han sido muy fructuosas. A través de este poderoso recurso espiritual, he logrado un grado y nivel de profundidad espiritual que solo había experimentado después de mi conversión inicial, un cambio de viraje en mi vida verdaderamente radical. Hoy mi relación con Cristo es más profunda, mi fe es más fuerte, y mi sentido de resolución y dirección en mi vida está arraigada firmemente en la voluntad de Dios y Sus modos (por Su misericordia). Aunque muchas veces tengo dificultad para visualizar mi progreso—mis pecados y debilidades parecen ser más evidentes y abundantes que mis virtudes--y aunque reconozco que aún me falta una gran distancia (mi esposa puede personalmente atestiguar sobre esto), los beneficios de la dirección espiritual han sido profundos.

Sin embargo, a pesar de toda esta ganancia en el ámbito espiritual, aún tenía un reto significativo: una ausencia de expectativas claras sobre el proceso, los papeles y responsabilidades de mi director espiritual y mi rol y expectativas en el mismo. Por más que busque por todas partes no pude encontrar un recurso especifico acerca de la dirección espiritual como el que ahora tienes entre tus manos. Por medio de conversaciones que tuve con cientos de personas, dentro y fuera de la dirección espiritual, aprendí que muchos de los que deseaban desarrollar una relación con más profunda y significativa con Cristo a través de la dirección espiritual se habían topado con idénticos o similares retos, lo cual me dio aún mayor impulso para escribir este libro.

Antes de comenzar este viaje, tal vez pueda compartir con usted, amable lector, un poco más acerca del método e inspiración sobre los cuales se basa este libro. Tal vez estos antecedentes le ayuden de alguna manera. Mi conversión al Catolicismo ha sido una verdadera aventura que me ha cambiado el alma. Como cualquier persona de buena voluntad que descubre algo bueno, hermoso y verdadero, tengo una incontrolable pasión de compartir esta maravilla con todo el mundo. Fortalecido por Su misericordia y Su amor, estoy comprometido a conocerlo y darlo a conocer a cuantas personas pueda. Naturalmente, al fin y al cabo, esto depende en gran medida de la gracia de Dios y el sacrificio eterno de Cristo por todos nosotros. Sin embargo, es muy claro que tenemos la responsabilidad de asegurar que nuestra entrega de nuestras almas a Él sea compatible con la realidad de Su gracia. ¿Cómo logramos esto? Al comprometer nuestras vidas a una búsqueda implacable y gozosa: el hallazgo de la relación de amor más grande y más satisfecha que cualquiera de nosotros puede experimentar en esta vida. Solo una relación viva con Cristo nos proporcionara el amor, la felicidad y la paz más grande que se puede conocer en esta vida.

Un himno cuáquero resume todo esto muy bien:

> Mi vida fluye en una canción sin fin:
> Más arriba del lamento terrestre,

Escucho el himno dulce y lejos
Que aclama una nueva creación.
A través de todo el tumulto y la lucha
Oigo la música sonando:
Encuentra un eco en mi alma--
¿Cómo puedo dejar de cantar?

¿Qué si mi alegría y comodidad mueren?
Mi Señor y Salvador vive;
¿Qué si la oscuridad se acerca?
Él nos da canciones de noche.
Ninguna tormenta me puede quitar la paz,
Cuando estoy agarrado a Su refugio;
Porque Cristo es Señor del cielo y la tierra,
¿Cómo puedo dejar de cantar?

Alzo mis ojos; la nube se desvanece;
Veo el azul encima;
Y, día tras día el camino se suaviza,
Desde que comencé a amarlo.
La paz de Cristo renueva mi corazón,
Una fuente siempre brotando;
Todas las cosas son mías porque yo soy de Él--
¿Cómo puedo dejar de cantar?

Manteniendo esta pasión para cantar sobre Cristo, hace unos años comencé, junto al Padre John Bartunek, un blog galardoneado sobre la espiritualidad Católica ortodoxa llamado "Dirección Espiritual Católica Romana" (www.RCSpiritualDirection.com). Mi expectativa inicial al crear este blog era que entre siete y cien personas encuentren algo de utilidad en este esfuerzo poco conocido y altamente especializado de propagar la fe. Para mi gran sorpresa y satisfacción, miles de personas respondieron el primer año, decenas de miles el segundo año, y a partir de este momento tenemos cientos de miles de visitantes de más de 190 países en todo el mundo. Esta enorme respuesta en el Internet, y las conversaciones que resultaron de las interacciones con innumerables peregrinos que deseaban intensificar su relación con Cristo, me animó a seguir el enorme trabajo que implica obtener nuevos recursos para sustentar las almas de los que también oyen la canción de Cristo en sus corazones.

Más allá de mi experiencia limitada en esta área, este experimento de fe ha facilitado una especie de intercambio con católicos de renombre y autoridades sobre el mundo espiritual: escritores y pensadores, directores espirituales, sacerdotes, religiosos, monjitas contemplativas, obispos y muchos otros que tienen como vocación principal el cuidado de las almas. Estas interacciones, que suceden casi constantemente a través de este medio, han acelerado dramáticamente el estudio y el pensamiento sobre la vida espiritual. Fuera de estas conversaciones exquisitas, este libro también nace producto de una serie de grandes recursos espirituales que se usaron en su elaboración, y esta escrito con la esperanza de que será valioso y atrayente para todos los genuinos buscadores de Dios, sin importar el nivel de experiencia que tengan en teología espiritual.

En mis investigaciones para este libro, he explorado una gran cantidad de puntos de vista sobre este tema y estudiado las diferentes escuelas de pensamiento, tanto clásicas como contemporáneas, sobre la dirección espiritual, tanto de la Ortodoxia Oriental como de la tradición eclesiástica Romana y Occidental. En este sentido, he tratado de epitomar y presentar un resumen de algunos discernimientos claves sobre este tema. Presentándolos de una manera franca y concisa, mi esperanza es, de esta manera, lograr abrir el acceso al tesoro espiritual de la Iglesia para muchos, y el de establecer un hito espiritual que nunca dejará de satisfacer a los que lo siguen: "¡Vengan a tomar agua todos los sedientos!" (Isaías 55:1). Estas no son aguas nuevas. Los principios expuestos aquí han sido ampliamente probados a lo largo del tiempo, pero no sin necesariamente ser anticuados. Son valiosos principios que se han desarrollado durante siglos y se nutren de la vasta experiencia de los santos y otras almas buenas, así como de la sólida y confiable guía y sabiduría de la Iglesia. Mi esperanza es que este sencillo esfuerzo proveerá una luz para el camino hacia las grandes, pero frecuentemente olvidadas, riquezas de la iglesia que esperan por cualquier corazón que las desee.

Finalmente, creo firmemente que, fuera de los sacramentos, no hay instrumento más grande ni más importante para ayudar a alimentar nuestra relación con Dios, y para crecer en la gracia, que la dirección espiritual. Porque mantengo esta creencia, espero que este libro te ayudará a: (1) entender la dirección espiritual, (2) iniciar y comprometerte al proceso de dirección espiritual, y (3) cosechar de forma total los beneficios espirituales que Cristo tiene para ti cuando lo buscas, lo encuentras, y lo sigues todos los días de tu vida.

Nunca pares de buscarlo y de cantar sus alabanzas.

Sin la gracia y el trabajo único que Dios lleva a cabo en y a través de mi esposa, yo , sencillamente, no hubiera podido escribir este libro. A mi Padre Celestial, mi adoración; a ella, todo mi amor y admiración terrenal; a mis hijos, profunda gratitud por su fidelidad constante a Cristo y Su Iglesia.

Nadie escribe un libro sin ayuda de otros. Algunos de nosotros necesitamos más ayuda que otros, y yo soy uno de aquellos. Lo que sigue, a continuación, constituye una lista de personas que me han animado, inspirado, desbloqueado, y de mil otras maneras ayudado a terminar este libro. A ellos, y a muchos otros, estoy en deuda, de incontables maneras. Para todos los que deberían estar en esta lista, pero no lo están, por favor acepten mi más sinceras disculpas.

Gracias a Becky Ward, Padre John Bartunek, Claudia Volkmar, Collin Donovan, Padre C.J. McCloskey III, Dave Scott, Ed Constantine, Debbie Aguiar, Padre Thomas Dubay, Santa Teresa de Ávila, Padre Thomas Dailey, Sharon Lee Giganti, Michael Warsaw, y por último, si bien no menos importante, a todos mis amigos de Emmaus Road Publishing, en particular a Shannon Minch-Hughes.

Finalmente, una gran nota de aprecio a mi familia por soportarme durante todos aquellos momentos de mi investigación cuando fui menos atento de lo que debiera haber sido.

INTRODUCCIÓN

Hace poco tiempo, mientras estaba pescando a solas en las Montañas Rocosas de Colorado, me topé con unas huellas de león, de muy reciente creación. Mi primera reacción fue una de gran preocupación, pero después de revisar cuidadosamente el terreno que me rodeaba, volqué mi atención otra vez hacia el río. Al hacerlo, todos mis instintos comenzaron a despertar y estallar en mi interior, y comprendí, en un instante, que me encontraba en una situación muy precaria. En ese momento, de frente al río y al agua, era totalmente incapaz de darme cuenta de lo que me rodeaba. El tremendo estruendo y bullicio del río a través del cañón anulaba completamente mi capacidad de oír cualquier otra cosa que no fuese el mismo río. Traté de quitarme esta sensación de mal augurio, pero, minuto a minuto, la tensión sólo seguía en aumentando hasta que, con un gruñido, decidí volver hacia un lugar más seguro. Simplemente, no podía quitarme el miedo de que en ese ángulo ciego se escondía un ataque inevitable.

Esta es una imagen sacada de una escena relativamente rara en la vida. Los ángulos ciegos se llaman "zonas ciegas" porque no nos damos cuenta de ellos; estamos "ciegos" frente a ellos. Los más virtuosos entre nosotros trabajan mucho y muy duro para desarrollar la virtud y evitar, o eliminar el pecado. Pero muchas veces sólo tienen un entendimiento vago de lo fragilidad de nuestras almas. Tanto santos como pecadores, todos tenemos ángulos ciegos. Para todos los más fatales son los que amenazan nuestra salud y crecimiento espiritual. Simplemente dicho, estos ángulos ciegos pueden esconder ataques potencialmente fatales del enemigo de nuestras almas. "Sean sobrios y estén siempre alerta, porque su enemigo, el demonio, ronda como un león rugiente, buscando a quién devorar. Resístanlo firmes en la fe" (1 Pedro 5:8-9a).

Sin embargo, los ataques no solo proceden del diablo. Otras dos amenazas a nuestra estabilidad espiritual nos han sido reveladas en las Sagradas Escrituras: el mundo y la carne. El mundo nos está apartando constantemente de Dios. La cultura secular continua e incesantemente genera argumentos sutiles, y no tan sutiles, contra Dios. Siempre, y al mismo tiempo tratando de seducirnos con estilos de vida y seductoras opciones que engañosamente nos prometen la vida y la libertad pero que, en realidad, nos llevan a la esclavitud y la destrucción eterna. "En el mundo tendrán que sufrir; pero tengan valor: yo he vencido al mundo" (Juan 16:33).

La ultima amenaza de esta lista corta de peligros es "la carne", lo que se refiere a la parte de nuestra esencia inclinada a lo oscuro, o sea el pecado. Desafortunadamente, la carne es el portón del alma y la puerta donde el mundo y el diablo entran en escena. Fundamentalmente, no podemos ser víctimas ni del diablo ni del mundo sin que la carne provea una oportunidad para el ataque. "El espíritu está dispuesto, pero la carne es débil" (Mateo 26:41).

Simeón el Nuevo Teólogo (AD 949 a 1022) dijo: "No sigan al lobo en vez de al pastor" (cf. Mateo 7:15)... No dejes que te encuentre solo, para que no seas la víctima del lobo que destruye el alma, o siendo vencido por una enfermedad u otra, resulta que mueres espiritualmente y solo obtienes esa aflicción después de tu caída. Quien se entrega a un buen maestro no tiene esas angustias, vivirá sin ansiedad y será salvado en nuestro Señor Jesucristo, de quien es la gloria por todos los siglos. Amen."[1]

Aquí, Simeón revela los dos problemas y el remedio. Sin excepción, las enseñanzas de los santos y los doctores espirituales de la Iglesia están de acuerdo: la dirección espiritual es una de las herramientas más potentes para ayudar en la batalla. ¿Conoces algunos doctores sabios que se tratan a sí mismos cuando enfrentan retos serios de salud? ¿Has oído de alguno de los mejores atletas que no tengan instructores personales y entrenadores? La dirección espiritual es la vía por la cual el Espíritu Santo nos guía y entrena nuestras almas. Sin duda, este remedio es un reto en sí mismo (así como lo son casi todos los remedios), pero los libros de historia están repletos de ejemplos de aquellos que han sabiamente escogido este camino, y han encontrado, en dicho camino, que las dificultades inherentes son triviales en comparación con sus grandes beneficios.

¿QUÉ ES LA DIRECCIÓN ESPIRITUAL?

La dirección espiritual es, simplemente, una relación por medio de la cual mejoramos nuestro amor, conocimiento y modo de seguir a Cristo, a través de la ayuda de un tipo de entrenador espiritual. Por medio de este proceso, llegamos a conocer y a amar a Cristo, y por último experimentamos las más elevadas y celestiales cumbres de unión espiritual con Él, aún en esta vida. El director y el dirigido (Vg. la persona dirigida) trabajan juntos, por medio de la gracia y guía del Espíritu Santo, para entender la voluntad de Dios, y luego para determinar cómo seguir diariamente el camino señalado. Es decir, de una manera concreta, para llegar a una relación más profunda con Él.

La dirección Espiritual no es equivalente a una relación laboral

La relación de director/dirigido no es análoga a una relación laboral de gerente/empleado. Esta constituye un área donde el lenguaje de la dirección espiritual puede resultar ser un poco confuso en el mundo de hoy. Normalmente, en el lenguaje común, la palabra "director¨ designa a una persona que ordena al dirigido que hacer. En este accionar esta implícito que aquel que se hace obedecer tiene cierta autoridad o poderes punitivos sobre el otro, es decir el poder de castigar o abstenerse de premiar en caso de desobediencia. Una dirección espiritual saludable jamás tiene estas características. En estos casos, una mejor analogía para explicar el papel del dirigido en esta relación es comparándola a la de un atleta y su director o entrenador personal, o más específicamente con la de un entrenador espiritual personal. Así como dentro de la dinámica que se establece en la relación entre un atleta y su entrenador deportivo, el atleta es el que, a fin de cuentas, esta a cargo, él o ella contrata un entrenador personal para que le ayude realizar ciertas metas deportivas que, por si solo, son difíciles de obtener. Al fin y al cabo, el nivel de influencia que un director puede tener sobre quien dirige se basa únicamente en el hecho de que el dirigido quiera voluntariamente escuchar sus consejos y no en algún poder real que el director ejerza sobre él. En la tradición eclesiástica oriental es común comparar al director espiritual con un sanador o doctor espiritual. De cualquier manera, el dirigido siempre tiene la libertad de buscar y seguir, o no seguir, la curación y desarrollo que el director ofrece mientras buscan de forma conjunta mejor entender y cooperar con los designios de Dios.

La dirección espiritual no es igual a la confesión

La dirección espiritual no es un sinónimo del sacramento de la confesión. Este error viene de la confusión que se ocasiona cuando el lector moderno lee la vida de muchos santos que hablan de su director espiritual y su confesor como si fueran la misma persona. Esto ocurria porque, en tiempos pasados era muy común que la confesión y la dirección espiritual ocurriesen juntos. Es muy probable que la desafortunada reducción, en tiempos modernos, en la proporción de sacerdotes a parroquianos sea la causa de la separación de estas dos actividades, aunque la dirección espiritual nunca ha sido el territorio exclusivo de curas o religiosos. Por ejemplo, muchos se sorprenderán de saber que, en su juventud, el Santo Papa Juan Pablo II tuvo un director espiritual laico. De todos modos, aunque la situación no es la ideal, por ahora todo apunta a que la confesión y la dirección espiritual probablemente se mantengan como actividades diferentes y separadas.

La dirección espiritual no es sinónimo de amistad espiritual

Las amistades espirituales son inestimables para la vida del cristiano, y aunque tienen muchas características en común con la dirección espiritual, son diferentes en algunos aspectos muy importantes. Una gran diferencia es que la dirección espiritual se concentra en la vida espiritual del dirigido. Las amistades espirituales y relaciones con mentores espirituales con frecuencia incluyen aspectos de la vida espiritual, pero casi siempre también tienen elementos, actividades e intereses que son periféricos (aunque a veces provechosos) a la vida espiritual. Otra gran diferencia es con respecto a la intensidad de la relación; volviendo a la analogía del entrenador espiritual, la mayoría de los atletas jamás esperan que la amistad interfiera con su relación profesional, al punto que resulte en una evaluación débil, amistosa o pasiva por parte su entrenador personal. Al contrario, los atletas serios y profesionales contratan un entrenador personal para que se los evalúe y se los ponga a prueba con firmeza y para que su entrenador los rete a mejorar y empuje o anime a conseguir mejores resultados concretos. Es decir, volvemos a insistir en que, al final, el dirigido es quien esta definitivamente a cargo. Cuando él o ella busca un director espiritual, busca un nivel de respuesta objetiva a retos concretos y de dirección espiritual mucho más elevado que cualquier tipo de amistad pueda provocar, aunque sean amistades espirituales sanas.

La dirección espiritual no es un programa Católico de autoayuda

La autosuficiencia, la confianza en sí mismo y hasta el egocentrismo son actitudes que nuestra cultura apoya y favorece, pero que perjudican a las almas cuando se infiltran en la vida espiritual. Como la introducción ilustra, cuando tenemos ángulos ciegos no podemos confiar en nuestra capacidad limitada para ver las cosas que no percibimos, independientemente de cuanto esfuerzo hacemos. Más bien, tenemos que destruir el molde falso de autosuficiencia que muchas veces resulta en auto engaño y atrofia espiritual. Como San Bernardo dijo, "El que se tiene a sí mismo como director se hace discípulo de un imbécil."[2] Manteniendo esta idea desafiante, entendemos mal la dirección espiritual si creemos que solo necesitamos charla o consejo animado para ponernos de pie otra vez y seguir adelante. A pesar de que es lógicamente convincente, aún la idea de avanzar más allá de la autoayuda constituye un trago amargo de tomar para la mayoría de nosotros.

La dirección espiritual no es sinónimo de consejo psicológico

Los aspectos psicológicos y fisiológicos de nuestra vida tienen un impacto en nuestras vidas espirituales, y no existe una manera fácil de separar estas dos realidades. Tu vida espiritual te puede afectar emocionalmente. Si estas emociones resultan ser obstáculos a tu progreso espiritual debes hablar con tu director sobre este tema. A la inversa, tu vida espiritual, cuando crece, va a impactar tu salud psicológica y física de una manera positiva. Sin embargo, así como no irías a un director espiritual cuando lo que necesitas es terapia física, sería igualmente imprudente intentar dejarse tratar los problemas psicológicos serios por un director espiritual (al menos con uno que no ha recibido el entrenamiento especializado correspondiente para poder atender ambos tipos de casos). Cuando los problemas emocionales o psicológicos son muy serios, busca ayuda de profesionales entrenados en ese campo.

La dirección espiritual no es una visita de emergencia única

Bajo circunstancias normales, la dirección espiritual no debe considerarse como una visita de emergencia. La dirección espiritual es mejor vista como un programa de bienestar o un programa de ejercicio y dieta continuo que resultará en el máximo nivel de salud posible. Aunque la visita de emergencia con un director espiritual a veces es apropiada, típicamente esta consulta se hace en el contexto de una serie de citas regulares dentro de una dirección espiritual continua. En general, no es razonable esperar que un director espiritual responda a cada urgencia fuera de la relación espiritual. ¿Por qué? Porque los directores espirituales experimentados entienden que si la persona con una emergencia no está lista para trabajar diligente y constantemente en su relación con Dios (al momento de crisis y después de que haya pasado la crisis), él esta seguro que no va a poder ayudarlo de una manera sustancial. Con todo esto, algunos individuos en crisis llegan a tener un nivel de claridad que puede ser el comienzo de un compromiso con la fe, lo cual cambia la vida de una manera seria. Aquellas personas en esta categoría, están listas y tienen la sana ambición de hacer lo que sea necesario para seguir a Dios y cooperar con Su trabajo en sus almas. Estas no están en el mismo lugar que los que tienen un ataque de corazón, reciben servicios de emergencia, y luego continúan el estilo de vida que los puso de rodillas para comenzar. La buena noticia es que Dios está listo para recibirnos siempre y cuando nosotros estemos listos para dirigirnos a Él.

La dirección espiritual no es sinónimo de deambular con un compañero espiritual

Deambular es lo contrario a comenzar un viaje deliberadamente y con una dirección específica en mente. La dirección espiritual sin rumbo ni dirección es una contradicción y una paradoja. Algunas nociones modernas acerca de la dirección espiritual tienden a reducir la relación entre director y dirigido a una relación de compañeros espiritualmente ciegos que juntos exploran los profundos misterios de las cosas espirituales, a tientas, embarcados en viaje hacia el auto descubrimiento. Esta no es una imagen de la dirección espiritual saludable. La dirección espiritual que no tiene dirección no es dirección. Tal vez hace que las dos personas se sientan bien consigo mismas, pero si el final deseado no es la unión con Cristo, y si un camino para conocer y amar mejor a Cristo y los demás no aparece para que el dirigido lo siga, entonces la relación no se debe llamar, propiamente, dirección espiritual.

La dirección espiritual no se reduce a la consigna de "Solo yo y Jesús" o "Solo yo y el Espíritu Santo"

Los que luchan por conocerse a sí mismos, o no entienden la definición y los beneficios de la dirección espiritual, a veces terminan racionalizando sus debilidades y menospreciando la necesidad de la asistencia humana. Las tan conocidas consignas de "Solo yo y Jesús" o "solo yo y el Espíritu Santo" lentamente se convierten en su lema. A pesar de que resulta una postura muy cómoda, es, en el fondo, una peligrosa trampa. Como se vera más adelante, Dios ha escogido para Su uso instrumentos humanos para dar forma, moldear y acercarnos a Él. Las cosas son así porque puede ser muy peligroso el pretender dirigirse a sí mismos; el diablo se esconde en ese ángulo ciego y espera para atacar. Las otras personas pueden ver nuestros defectos y nuestras debilidades mucho mejor de lo que nosotros podemos hacer; y un director bueno nos puede decir lo que se está ocultando en nuestro ángulo ciego. Es rarísimo que una persona que realmente desea profundizar su fe se encuentre bajo circunstancias donde Dios viola el método que Él mismo ha escogido para desarrollar y promover nuestro crecimiento. A menos que tú seas un ermitaño del desierto, no es probable que estás en esta categoría (e incluso los ermitaños también tienen directores espirituales).

La dirección espiritual no consiste en trabajo apostólico

Aunque este problema se limita a unos cuantos movimientos modernos, vale la pena hablar sobre ello. Si un sacerdote, consagrado o religioso, está trabajando en obras apostólicas con una persona y también está sirviendo como su director espiritual, el trabajo apostólico puede desplazar fácilmente la dirección espiritual auténtica. La dirección espiritual debiera incluir la búsqueda de virtud y las acciones de fe, pero el énfasis tiene que ser primordialmente en ayudar a establecer una relación con Cristo, y después, de una manera secundaria, en las maneras en que la relación se desenvuelve en acciones apostólicas específicas. Deje los detalles de cómo trabajar en el reino de Dios para una cita dedicada a eso. De esta manera, las dos actividades tendrán su énfasis propio.

La dirección espiritual no se trata solo de la oración -- y no se trata solo de la acción

Aunque esta forma de dirección no está completamente bajo la categoría: "Esto no es dirección espiritual," puede reflejar una forma de dirección inmadura que de seguro no resultará en el crecimiento que surge de un método más balanceado. El amor a Dios en forma de oración o adoración puede ser un amor falso si no resulta en expresiones de amor concretas para los que nos rodean. Lo contrario también es verdad: si damos nuestras vidas a la justicia social pero ignoramos la fuente de la justicia, seriamos como Marta, en peligro de ignorar "la mejor parte" y fracasar en cumplir los dos mandamientos que Jesús afirmo como los más grandes (vea Mateo 22:38).

La dirección Espiritual es...

Ahora que tenemos claro lo la dirección espiritual no es, podemos concentrarnos en lo que es.

La dirección espiritual es una relación entre tres personas:

- el Espíritu Santo
- el director
- el dirigido

El énfasis primordial de la dirección espiritual es la unión con Dios.

El objetivo central de la dirección espiritual es ayudar a guiar al dirigido a crecer de forma consecuente, sustancial y deliberada en su relación con Dios y su prójimo.

Esto ocurrirá descubriendo la presencia y el trabajo de Dios en nuestras almas y abrazando Su voluntad por medio del abrazo fructuoso de la oración y la virtud. El objetivo final de la dirección espiritual es, tal como Jesús nos ordenó, amar "al Señor tu Dios con todo tu corazón, con toda tu alma, con todo tu espíritu y con todas tus fuerzas" y amar "a tu prójimo como a ti mismo" (Marco 12:30-31). La dirección espiritual consiste en desarrollar una relación con Dios que infunda todos los aspectos de nuestras vidas.

Con este resumen preciso y conciso acerca la dirección espiritual, en el próximo capítulo exploraremos la interrogante de que si la dirección espiritual es algo conveniente para ti.

Guías Espirituales, Directores Espirituales y Mentores Espirituales: ¿Cuál es la Diferencia?

Hay diferentes tipos y designaciones para aquellos que ofrecen dirección espiritual, dependiendo de dónde han recibido su entrenamiento. Por ejemplo, varios movimientos dentro de la Iglesia entrenan laicos que pueden ofrecer dirección espiritual. Muchas veces, en estas organizaciones, hay distinciones entre los que han sido ordenados (hombres) o consagrados (hombres o mujeres), refiriéndose a ellos como "directores espirituales," y laicos que se pueden llamar "guías espirituales" o "mentores espirituales." La distinción es casi siempre un reflejo del nivel de entrenamiento y educación que poseen los que están guiando. Es probable que los que tienen el título de "director espiritual" tienen un nivel de formación más elevado que los que se llaman "mentores espirituales" o "guías espirituales."

Evite enredarse en títulos específicos. No debe asumir que una persona de un nivel de formación menor no tiene suficientes recursos para ayudarle con tu vida espiritual. Pasar tiempo con otra alma que está buscando a Cristo intensamente, y que tiene más experiencia que tú en estas cosas, puede ser muy beneficioso. El objetivo del proceso es entender a Cristo y buscarlo más allá del título que lleven, o no lleven, los individuos que están dispuestos a ayudarte con dicha dirección.

REALMENTE ¿NECESITO UNA DIRECCIÓN ESPIRITUAL?

¿Realmente necesito dirección espiritual? Una manera más reveladora de hacer la misma pregunta es, "¿Puedo ser yo mi propio director espiritual?" La respuesta es obvia cuando reflexionamos sobre otras preguntas. ¿Puedes ver tus ángulos ciegos? ¿Sabes hacia dónde vas espiritualmente? ¿Reconocerías tu destino espiritual si llegas ahí? Si no, ¿cómo vas a llevarte hacia un lugar que nunca has ido y que no lo entiendes totalmente? Si no has estado en el lugar que estás tratando de ir, ¿no sería prudente encontrar un guía que, por lo menos, conoce el territorio un poco?

Sin guía, tenemos el riesgo de perdernos o de tomar vías en donde se puede perder mucho tiempo valioso cuando estamos buscando nuestro destino eterno. Como San Jerónimo dijo, "No te hagas tu propio maestro y no tomes un camino completamente nuevo sin guía; de otra manera te desviarás rápidamente." De manera parecida, San Agustín dijo, "Así como un ciego no puede seguir un buen camino sin un líder, nadie puede caminar sin guía." San Vicente Ferrer declara fuertemente, "Nuestro Señor Jesucristo, sin quien no podemos hacer nada, no va dar su gracia al que, teniendo guía experto, rechaza esta manera preciosa de santificación, pensando que él mismo puede vigilar todo lo que se trata de su salvación. El que tiene director...llegará a su destino con más facilidad y con más rapidez que si actúa como su propio guía, aunque sea muy inteligente y tenga los mejores libros espirituales."[3]

Yendo más allá de la idea de que podemos ser nuestro propio director espiritual (o el método "yo y el Espíritu Santo" que discutimos anteriormente), deberíamos reflexionar sobre el hecho de que Dios trabaja por medio de las personas. En toda la historia humana, la Encarnación es la ilustración más espectacular de esto. Dios estaba determinado a restablecer nuestra relación con Él. ¿Se quedó a lo lejos, nos tiró algunos libros y grito, "¡Resuélvanlo a solas!"? En vez de eso, conociendo el estado de perdición del corazón humano, determinó que sería mejor hacerse uno de nosotros, y escogió manifestarse por medio de la relación más humana; por medio del consentimiento de otra persona humana, la Santísima Madre. De esta manera, el Espíritu Santo extendió Su sombra sobre ella, concibió a Su hijo en su vientre, y Jesús se sometió a descansar en su maternal protección hasta llegar a nacer en las circunstancias más humildes. En Su humildad, eligió revelar Su amor y Su deseo por nosotros, y nos permitió entender y responder a ese amor, por medio de la realidad humana única y palpable de las relaciones interpersonales.

Después de Su resurrección, dejó la tierra y ascendió al cielo. Nos dio el Espíritu Santo y la Iglesia para acelerar nuestra restauración, curación y santificación. ¿Cómo trabajan el Espíritu Santo y la Iglesia? ¡Con personas y por medio de personas! Un examen superficial del Nuevo Testamento demuestra que esto es obvio. Por más que te esmeres no vas a encontrar ninguna noción bíblica que poye o sustente la idea del cristiano solitario que no depende de otros para sus necesidades espirituales (o, por otra parte, sus necesidades físicas). Lo que sí vas a encontrar es a Dios trabajando en y entre Su gente, según ellos dependen y se sirven unos a otros hacia Él. Un ejemplo concreto de esta dinámica lo encontramos en la conversión de San Pablo, descrita en el capítulo nueve de los Hechos de los Apóstoles. En ruta a Damasco, se encontró con Cristo de una manera profunda, un encuentro radical que le iba a cambiar la dirección de su vida. Aun después de ese encuentro personal tan poderoso, San Pablo no tuvo, en ese momento, a su disposición los suficientes elementos críticos para saber o determinar, a ciencia cierta, los próximos pasos a seguir que debería tomar para cumplir con la voluntad de Dios en su vida. Al contrario, Jesús lo dirigió a una persona, Ananás, a quien Dios había revelado lo que Pablo debería hacer. ¿Por qué Dios decidió trabajar de esta manera? Esto es un misterio, pero claramente, en Su providencia y Su provisión, Él trabaja por medio de otra gente para ayudarnos a llegar a Él. En *El Dialogo* (7), Santa Catalina de Siena revela esta perspectiva sobre el trabajo de Dios por medio de nuestra dependencia de otros [Dios Padre enseña]:

> Lo mismo es cierto de muchos de mis dones y gracias, virtudes y otros dones espirituales, y esas cosas necesarias para el cuerpo y la vida humana. Los he distribuido de una manera que nadie tiene todos. Así es que le he dado razón -- más bien, necesidad -- de practicar caridad uno al otro. Pude haber llenado todas tus necesidades, espirituales y materiales. Pero quería que fueran dependientes unos del otro. San Juan de la Cruz recapituló esta idea cuando dijo, "Dios desea tanto que el hombre se coloque bajo la dirección de otro que absolutamente Él no quiere que demos la aprobación a las verdades sobrenaturales que Él da antes de que hayan salido de la boca de un hombre."[4]

El Santo Papa Juan Pablo II escribió en *Christifidelis Laici (58),* "Para poder descubrir la voluntad actual de Dios siempre se necesita lo siguiente: escuchar receptivamente la Palabra de Dios y la Iglesia, fervorosa y constante oración y fiel discernimiento de los dones y talentos dados por Dios…."[5]. Sobre el mismo tema, el *Catecismo de la Iglesia Católica* (2695) establece que "Ministros ordenados, los de vida consagrada, la catequesis, grupos de oración, y 'dirección espiritual' aseguran la ayuda en la práctica de la oración." Finalmente, hasta un análisis superficial de las obras de los doctores de la Iglesia revelan tantísimas menciones de la dirección espiritual entre ellos que no se pueden catalogar. Al fin y al cabo, la dirección espiritual es un regalo que al peregrinado espiritual serio no le puede faltar.

¿CÓMO SÉ SI ESTOY LISTO PARA LA DIRECCIÓN ESPIRITUAL?

¿Cómo sé si estoy listo para la dirección espiritual? Vale la pena explorar esta pregunta porque, sin una respuesta adecuada puedes entrar en una relación de dirección espiritual sin sentido y luego alejarte más desilusionado y frustrado que cuando comenzaste.

Una señal común de que estás listo para la dirección espiritual es que estás harto de dar tumbos a solas alrededor de la penumbra que compone tu vida espiritual. Has descubierto el secreto de los santos: ¡Es absolutamente cierto que no podemos hacer esto solos! La autosuficiencia en el Cristianismo no identifica el plan de Dios para nosotros, y es directamente contrario al diseño de relaciones que Él ha revelado para nosotros. Asimismo, después de la caída original, tenemos otro enemigo adicional que batallar; la tendencia interior al pecado y al engaño a sí mismo. La verdad es que llevamos dentro de nosotros la imagen de Dios y, siendo poseedores de esa imagen, esencialmente somos buenos, pero es igualmente cierto que nos vemos por medio de los lentes torcidos de nuestro pecado, el pecado de nuestros antecesores y la decepción del mundo. Sin un poco de ayuda exterior para limpiar nuestro parabrisas, nos encaminamos directo a un choque.

Muchos católicos fieles se encuentran en la incomoda posición de saber que no están creciendo como deberían y reconocer que sus vidas no son fructuosas de manera que reflejen el trabajo obvio y la presencia de Cristo. Reconocen que están en el lugar correcto (es decir, la Iglesia Católica) pero se sienten vacíos, insatisfechos o inclusive un poco desviados. Con frecuencia se encuentran sufriendo por las decisiones que han tomado en la vida sin saber cómo escapar de los modelos de pecado y desesperación. A veces es solamente una conciencia que dice insistentemente, "Tiene que haber algo más en esta vida."

Otra señal de que uno está listo surge en los que no viven una vida de pecado habitual pero que viven una mediocridad tranquila. Puede ser que participen regularmente de los sacramentos, quizás no cometen pecados mortales habitualmente, o aún veniales, pero de todos modos, desean algo más. Tal vez tienen una llamada leve a orar profundamente o a involucrarse completamente con Cristo. A veces esta atracción sutil, para descubrir más de su fe y su relación con Dios, es una señal fija de la invitación constante de Dios para intensificar esa relación.

La última característica es que tal vez tú tienes una sensación de que el progreso futuro de tu vida interior no se puede lograr sin una infusión de energía hacia un fin determinado. Reconoces que solo un imbécil se para frente a un salón de gimnasio y cuando entra se acuesta a tomar una siesta. La dirección espiritual, ya que se trata de los más profundos y substantivos asuntos de la vida, nunca es fácil. Ahora el creyente está entrando al territorio que el enemigo de almas teme más y al que se va oponer con gran fuerza y frecuencia. Posiblemente, los que entran en la vida espiritual seria, sin un fuerte compromiso de perseverar, saldran del proceso por sí mismos y se encontrarán en un estado peor del que comenzaron. En ese caso, el enemigo se pone en control firme de un territorio vencido, y la persona vencida sabe que ha perdido, un estado peor que la falsa paz de la ignorancia feliz. ¿La solución? El buscador tiene que comprometerse a luchar en el camino a Dios toda la vida. Tiene que comprometerse cada vez que tiene una caída, aceptando responsabilidad completa por su vida espiritual y su crecimiento, y nunca renunciar a la idea de que Dios siempre está listo para recibirnos y fortalecernos cuando volvemos a Él; aun cuando nuestras caídas son severas.

Sin importar de cuál de estos campos venimos, todos venimos con una medida de juicio y de humildad (aunque fuese muy poquito) y un reconocimiento de que ellos no pueden hacer el viaje a Dios sin ayuda. Esto los conduce (aunque de manera reacia) a revelar el interior del alma a otra persona y pedir ayuda. Este reconocimiento de la necesidad de un guía, junto con la tenacidad suficiente para tratar los requisitos de honestidad y vulnerabilidad, es el comienzo de una jornada más profunda hacia el interior de Cristo. Si cualquier de estos factores te describe de cualquier manera, definitivamente estás listo.

¿CÓMO SE SI NO ESTOY LISTO PARA LA DIRECCION ESPIRITUAL?

¿Cómo se si no estoy listo para la dirección espiritual? La clave aquí es seguir las indicaciones de Dios. Si las características de disponibilidad están presente en ti, ten por seguro que estás sintiendo la llamada de Dios a una relación más profunda. No vaciles, pero sigue esa llamada de forma agresiva. Dicho esto, hay ciertos estorbos que uno puede y debe considerar antes de tener una cita con un director espiritual.

El Padre Reginaldo Garrigou-Lagrange hace una observación pertinente: "el orgullo es una venda sobre los ojos de nuestro espíritu, que nos impide ver la verdad, especialmente en relación a la majestad de Dios y a la excelencia de los que nos superan. Nos impide querer ser instruidos por ellos o nos incita a no aceptar la dirección sin argumento."[6] Este pensamiento revela el obstáculo más grande en el progreso de la dirección espiritual: el orgullo. Este asfixiante pecado se manifiesta de muchos modos. El más difícil de tratar cuando el buscador demuestra algunas señas de santidad y disciplina espiritual. Por ejemplo, muchos santos y autores espirituales han tenido dificultad para entender las razones por las cuales los que van a misa diaria, al mismo tiempo, y con frecuencia, tienen comportamientos, actitudes y maneras de vivir muy contrarios a las expectativas que deberíamos tener de alguien que encuentra a Cristo en la Eucaristía cada día. En este sentido, estoy de acuerdo con aquellos que han llegado a conclutir que este curioso fenómeno se debe, principalmente, a la ausencia de la oración mental y a la falta de voluntad que atañe el esfuerzo diario y constante que se requiere para cultivar y practicar las virtudes. Por lo cual, es posible que el comulgante cotidiano o la persona que reza el rosario diariamente, apuntala la profundidad de su entrega a Cristo como excusa y razona, de esta manera, en contra de cualquier sugerencia de que necesita más para su crecimiento espiritual o salvación. Esto puede devenir en un orgullo propio que no le permita al fiel reconocer otras faltas y defectos en su persona. En efecto, cualquier práctica espiritual que se persigue por razones equivocadas, tarde o temprano, tiende a reproducir o reforzar ciertos ángulos ciegos que son hasta más severos porque han sido solidificados por el orgullo, la virtud humana superficial y la auto justificación.

Muchas veces los que sufren de estas cosas son muy exigentes de si mismos o perfeccionistas (por razones erradas) sobre a quién escogerían como director espiritual. El católico dedicado o el "guerrero cristiano y maduro" tal vez está buscando al viejo sacerdote sabio que reza cuatro horas por día y tiene el don de leer almas, cuando lo que necesitan es un laico santo que tiene o no tiene un doctorado en teología dogmática, pero que claramente entiende la vía de humildad que se necesita para tener una relación vibrante con Cristo.

El próximo desafío es parecido al anterior y su raíz radica en el pecado de la vanidad. Porque naturalmente queremos que las personas que admiramos piensen bien de nosotros, muchas veces buscamos como podemos manipular sus percepciones acerca de nosotros. Si te encuentras en esta situación, que no te de mucha pena, estás en buena compañía. Santa Teresa de Ávila se refiere a esta batalla aún entre personas santas. La clave es estar listo para dar la batalla y ser abierto y transparente. ¿Verdad que no llevarías retos graves de salud al doctor solo para ocultárselos? Claro que los retos físicos son más fáciles de discutir que las cosas que pensamos que van a revelar un mal carácter. La jornada espiritual es de mucha más consecuencia que la física. Cuando buscamos un director espiritual, tenemos que trabajar diligentemente para exponer nuestras almas tan abierta y honestamente como podamos. De otra manera, si nuestros directores no conocen la verdad, no podrían hacer un análisis correcto y no sería posible que progresáramos. Como San Francisco de Sales recomienda sabiamente:

> Ve a tu confesor, ábrele tu corazón totalmente, déjale ver cada rincón de tu alma, y sigue todos sus consejos con gran simplicidad y humildad, porque a Dios le encanta la obediencia, y muchas veces hace que los consejos que recibimos de los guías de almas sean más útiles que lo que parecen ser; así como hizo que las aguas del Jordán, encomendado a Naamán por Elías, curaran su lepra a pesar de la improbabilidad al razonamiento humano.[7]

Otro obstáculo para encarar sanamente la dinámica que implica una relación de dirección espiritual se debe a la pereza espiritual. La expectativa es que ahora el director me va llevar de la mano en mi vida espiritual. Ya discutimos este error en nuestra analogía inicial de que la dirección espiritual es parecida a los esfuerzos de un entrenador personal. En esta relación, el entrenador no es el líder. Ellos no se dirigen hacia el atleta; ellos no establecen la motivación entre el atleta. Nada más asisten en el crecimiento que el atleta ya está buscando, que ya le pertenece, que ya desea y que ya está comprometido a hacer. Tal vez esto parece un punto sin importancia, pero es un error común: el esperar que el director espiritual establezca la dirección de nuestra vida espiritual y que luego mantenga ese curso para nosotros de cualquier manera que pueda.

Si el buscador de Cristo sincero reconoce estas debilidades como algo inherente a su condición, es probable que esté llamado a una relación de dirección espiritual. Sin importar las circunstancias, todos estamos llamados a una unión con Cristo más profunda, hasta el día en que lo veamos cara a cara. Si el sincero buscador de Cristo también experimenta las características positivas descritas en la sección anterior, debe seguir adelante con la dirección espiritual. En todo caso, debe responsabilizarse y ponerse a cargo de su dirección, tener mucha diligencia y ser franco con su director para evitar que el esfuerzo se convierta en un ejercicio vacío de falsa piedad que pone su alma en un mayor peligro.

¿CÓMO PUEDO ENCONTRAR Y SELECCIONAR UN BUEN DIRECTOR ESPIRITUAL?

Se pueden encontrar buenos directores espirituales entre sacerdotes, religiosos y laicos de la Iglesia, y hay beneficios y desventajas con cada uno dependiendo de las circunstancias. Por ejemplo, hay órdenes religiosas que reciben formación extensiva, o entrenamiento especial, y están bien preparados para dar dirección espiritual; otras no lo están. Es poco común que los sacerdotes diocesanos hayan recibido formación específica para dar dirección espiritual. Sin embargo, si la formación que han recibido los sacerdotes y religiosos es fiel al magisterio, usualmente también cuentan con una base sólida en teología dogmática o moral, lo cual les da una base firme de conocimiento y entendimiento para navegar la vida espiritual, aún más, y especialmente cuando ellos están siguiendo de manera activa su propio crecimiento espiritual.

Con respecto a los directores espirituales laicos, algunas personas se sorprenderían al saber que a principios de su jornada espiritual, el Santo Papa Juan Pablo II recibió dirección de un laico. También, muchos de los primeros cristianos que tenían fama tener muy buena dirección espiritual eran los ermitaños de las Iglesias Orientales, y estos eran laicos. Con todo esto, lo ideal es tener un director espiritual que ha sido bien entrenado como tu confesor. No hay ninguna garantía en estos casos, pero deberíamos recordar que Dios sí las da y que El proveerá para nuestras necesidades. Con el esfuerzo surgirá la profundidad espiritual y le toca al buscador sincero de Cristo escudriñar y encontrar el alma que Dios le tiene reservada para esta noble tarea.

Dentro de esta amplia gama de opciones (laicos, sacerdotes, religiosos, etc.) no existen reglas universales para la certificación o el entrenamiento de directores espirituales. Algunos de los que regulan o certifican directores espirituales están muy lejos de ser fieles a una espiritualidad Católica auténtica. Sin embargo, hay tres escuelas fieles al magisterio y muy ortodoxas en los EE.UU. que otorgan un sólido entrenamiento a sus futuros directores espirituales, las cuales se encuentran en una lista en el apéndice. Aún con la aparición de estos esfuerzos fieles y muy necesitados, es doloroso que el que busca encontrar un director espiritual puede también encontrar espiritualidades dañinas comprometidas con la espiritualidad de la Nueva Era (New Age) o algunas espiritualidades que se disfrazan como enseñanza Católica que, en realidad no lo son. Pero, no te desanimes. Hay una manera clara y certera de lidiar con estos retos y, hasta un potencial atajo espiritual, el cual vamos a discutir en otra parte de este libro. Mientras tanto, consideremos cómo un católico serio puede navegar estas aguas peligrosas y encontrar la ayuda que necesita para crecer en su fe.

Como preparase en la búsqueda de un director espiritual buno

Como parte de cualquier programa de crecimiento espiritual, el buscador de un director espiritual tiene que estar preparado para enfocar sus energías hacia la meta preeminente de unión dinámica con Cristo. Un aspecto crítico de esta jornada constituye la formación intelectual del buscador de Cristo por medio de libros espirituales y estudio, que conducen a una habilidad más madura para discernir entre la verdad y el error. Labrar en la vida un hábito regular de lectura y estudio espiritual es clave para navegar con éxito los peligros espirituales e ideológicos que surgen de la fragilidad humana y de la decepción (incluyendo la auto decepción). Leer y estudiar con regularidad nos prepara y nos arma apropiadamente para aquella batalla espiritual que enfrentamos cuando ponemos seriedad a nuestra vida espiritual.

Cuando entrenan a los expertos para detectar monedas falsas, el secreto de la detección esta familiarizarse muy bien con las verdaderas, y no necesariamente llegar a conocer las miles variantes falsas y diversidad de estilos utilizados para falsificar billetes. De igual manera, si profundizamos nuestro conocimiento de la única fe verdadera, no vamos a ser tan susceptibles de aceptar falsas premisas y la falsedad en la fe. En este sentido, en lo que respecta a los directores espirituales, y centros de retiro, un área común de falsificación espiritual es la confusión, mezcla o sincretismo radical (a veces intencional) entre diversas formas de espiritualidad Católicas y otras tradiciones de fe. Para evitar estas confusiones deceptivas, el dirigido tiene que tener un buen y correcto entendimiento de la oración desde dos ángulos fundamentales. Primero, debe familiarizarse sobre el tópico de oración (IV Parte) en el *Catecismo de la Iglesia Católica*. Éste no solo es de gran ayuda con respecto a la definición del tema y de términos concretos, pero también porque dicha enseñanza es concisa, bella, inspiradora y totalmente confiable en su tratamiento de la oración. Segundo, hay dos regalos recientes de la Iglesia, dos fantásticos documentos eclesiales, que contienen ciertos puntos de referencia para el discernimiento que se debe hacer sobre las distinciones entre la tradición fiel Católica y las formas confusas comunes encontradas en la Iglesia hoy en día:

> ***Jesucristo portador del agua de la vida: Una reflexión cristiana sobre la "Nueva Era."*** Producido por el Consejo Pontificio para la Cultura y el Consejo Pontificio para el Dialogo Inter religioso, este documento evalúa muchos aspectos de espiritualidad "Nueva Era" desde una perspectiva Cristiana auténtica. Especialmente ayuda a demostrar cómo es que muchos de los conceptos centrales y los prácticos del movimiento denominado Nueva Era no solamente son diferentes pero muchas veces están directamente en contra de la fe Cristiana. Nos dicen en el primer párrafo: "El documento ayuda a los agentes de pastoral

a comprender la espiritualidad de la Nueva Era y a responder a la misma, ilustrando los puntos donde dicha espiritualidad contrasta con la fe católica y refutando las posturas adoptadas por los pensadores de la Nueva Era en oposición a la fe cristiana." Este documento se puede encontrar en el sitio del Vaticano: www.vatican.va.[8]

Carta a los obispos de la Iglesia Católica sobre aspectos de la meditación cristiana. Este documento fue preparado por el entonces por el Cardenal Ratzinger (ahora Papa Benedicto XVI) para tratar con la extensa confusión sobre lo que algunos llaman oración centrante y otros bien intencionados pero equivocados intentos de mezclar formas de oración Cristianas y no Cristianas. Porque este documento es tan importante y trata sobre los retos más comunes en la enseñanza sobre oración que un dirigido podría encontrar en dirección espiritual o un centro de retiro, hemos puesto el texto completo en el segundo apéndice de este libro. Vale la pena leerlo varias veces para absorber las reflexiones del Cardenal Ratzinger sobre la oración auténtica Cristiana.

Dirección fiel en la vida espiritual

Si todavía no has comenzado un programa de lectura para desarrollar tu vida espiritual, otro buen lugar donde se puede comenzar es con los doctores de la Iglesia. El rotulo "Doctor" de la Iglesia es un título especial que la Iglesia otorga a ciertos santos. Dicho titulo indica que las enseñanzas de aquellos que gozan de dicho honor son especialmente útiles para los Cristianos de cualquier época. Estos hombres y mujeres, los bien llamados Doctores de la Iglesia, son particularmente conocidos por su entendimiento profundo e ilimitado y la ortodoxia de sus enseñanzas. Hoy la iglesia cuenta con treinta y cinco doctores de la Iglesia. Un grupo de estos doctores escribió y diserto extensamente sobre los temas de la oración y la vida espiritual. Entre ellos están Santa Teresa de Ávila, San Juan de la Cruz, San Francisco de Sales, San Bernardo de Clairvaux, Santa Catalina de Siena, y Santa Teresa de Lisieux.

Ahora debemos señalar un poco de precaución y cautela al respecto. Constituye una practica muy común que los autores y los oradores populares, que enseñan sobre la oración y la vida espiritual, citen estos santos. Solo citando a uno de ellos no se asegura la fidelidad de sus intenciones o enseñaza. Las obras de estos santos deberían ser leídas y entendidas primero, a la misma vez que guías sólidas sobre sus trabajos. Los autores modernos como el Dr. Ralph Martin, el padre Timothy Gallagher, el padre Thomas Dubay, el padre Jacques Philippe, el padre John Bartunek, y el padre Benedict Groeschel son ejemplos de fuentes confiables de la hermosura y profundidad de la auténtica espiritualidad Católica. Como regla general, hay editoriales que están dedicadas específicamente a producir materiales católicos ortodoxos y fieles al magisterio de la Iglesia. Tanto Emmaus Road como Ignatius Press son buenos ejemplos de este tipo de editorial sólida y ortodoxa. Es muy improbable que vayas a encontrar un libro en sus catálogos que crasamente contradiga o deforme las enseñanzas de la Iglesia.

Si quieres que tu lectura este solidamente anclada a la realidad, comienza tu programa de educación espiritual con el *Catecismo.* Date, simplemente, como meta el leer diariamente cinco o diez minutos del *Catecismo* (o quizás cada sábado o domingo por un período más largo). Te sorprenderá cuánto puedes leer en un periodo de tiempo tan breve pero constante. Cuando termines de leer el *Catecismo* (al menos el tema sobre la oración), te recomiendo especialmente leer *Prayer Primer: Igniting the Fire Within* (Principios de Oración: Encendiendo el Fuego Interior) del Padre Thomas Dubay (Ignatius Press) para obtener un fundamento sólido de la enseñanza y tradición de la Iglesia sobre las varias formas de oración mencionadas en el *Catecismo.* Aunque tal vez encuentres las lecturas áridas (la mayoría no las encuentran así), no te dejes distraer por esto, más bien persevera en tu labor de obtener el conocimiento que necesitas para asegurarte que no te alejes hacia los dañinos y confusos desvíos espirituales.

Si las sugerencias del párrafo anterior te intimidan, no te preocupes. Tal vez quieres comenzar tu programa de lectura espiritual leyendo otros títulos que presentan las riquezas del punto de vista Católico con menos énfasis en los métodos de oración. *This Tremendous Lover* (Este Tremendo Amante) del Padre Eugene Boylan, *Theology for Beginners* (Teología para Principiantes) y *Theology and Sanity* (Teología y Sanidad) de Frank Sheed, y hasta *Introducción a la Vida Devota* de San Francisco de Sales fueron escritos para Católicos laicos que reconocen la llamada de Dios de entrar en una relación más y más profunda con El.

Encontrando una aguja en un pajar

Con este primer programa de lectura ya comenzado, puedes empezar a identificar posibles directores en tu área. Sería engañoso insinuar que es fácil encontrar un director espiritual bueno. De todos modos, ten por seguro que mientras buscas con un corazón abierto e implacable, Dios te conducirá al lugar correcto, en el momento correcto, aun si ese lugar es simplemente el lugar para resolver la frustración de buscar una buena dirección. Existen varios lugares útiles para esta búsqueda. He aquí una pequeña lista de posibilidades:

> ***Llama a tu oficina diocesana para orientación.*** Hay varios tipos de ejemplos que puedes encontrar llamando a tu diócesis. En primer lugar, te pueden señalar los que son conocidos como directores espirituales en tu área. En segundo lugar, te podrían dar una lista de órdenes religiosas o centros de retiro. No vaciles en buscar fuera de los límites de tu diócesis si la lista es muy pequeña. Esto puede ser particularmente necesario si tu vives en un lugar que no es metropolitano.
>
> ***Fíjate otra vez en los confesionarios cercanos a dónde vives.*** Si has encontrado un buen confesor, un sacerdote que te ha ayudado particularmente con su consejo o su diálogo durante o después de confesión, no vaciles en hacerle una simple pregunta para determinar si él tal vez pudiera darte dirección: "Estaría agradecido si pudiera seguir este tema con usted en el futuro; ¿puedo hacerle una llamada telefónica para hacer una cita?" Discutiré esta forma más adelante en este libro, con más detalle.

Considera tu sacerdote parroquial. Muchas veces, la preocupación excesiva sobre lo que otros pensarán nos impide acercarnos a las personas cercanas. No caigas en esta trampa. Los buenos directores son difíciles de encontrar. Si tu sacerdote parroquial es un candidato bueno, no pierdas la oportunidad. Otra preocupación común es la cantidad de trabajo que tiene que hacer el sacerdote. Sin embargo, el sacerdote es el que decide, no el que se lo pide. Como vamos a comentar más adelante en el libro, si tu eres un peregrino atento y ambicioso, muchos sacerdotes parroquiales encontrarían modos para atenderte.

Haga contacto con grupos de fieles católicos afiliados en su parroquia o diócesis. Si tienes grupos fieles o programas parroquiales en tu diócesis como "Catholics United for Faith" (Católicos Unidos para la Fe), ENDOW (Educando sobre la Naturaleza y Dignidad de Mujeres)[9], "Walking with Purpose" (Caminando con Propósito)[10], "Catholic Scripture Studies" (Estudios Católicos de las Escrituras)[11], "Disciples of Jesús and Mary" (Discípulos de Jesús y María)[12], u otros, comienza a asistir a sus reuniones y haz contacto con personas que toman su fe en serio. Luego haz preguntas; muchas veces las mejores pistas vienen de recomendaciones personales.

Busque apoyo por medio de relaciones personales. Cuando participes en tu parroquia o en actividades que incluyen formación fiel, de seguro te vas a encontrar las mismas personas asistiendo a estos eventos regularmente. Conócelos. Probablemente están viviendo su fe en un nivel más profundo, y quizás algunos tienen directores espirituales o pueden dirigirte a confesores buenos que serían buenos candidatos para ti.

Recuerda que esto puede ser un proceso largo, y si tú estás llamado a esto tienes que mantenerte comprometido cuanto tiempo sea necesario. Dios sabe tus necesidades: Él desea traerte más cerca de Él. A veces la difícil búsqueda de un director es tan importante como el proceso de dirección espiritual en sí mismo.

Encontrando lo verdadero

Otras tantas ideas para seleccionar un director espiritual (antes de hablar de un método abreviado). La importancia de ser fiel al Magisterio es ilusorio para alguna gente. Al fin y al cabo, si la persona que es director espiritual está comprometido en ser sacerdote, monjita, o lo que sea, y si dicen que aman a Jesús, ¿para qué preocuparse? Pues, si tú eres como yo, y has tenido una cirugía grande, ¿no es cierto que te gustaría tener una especialista en lo que tú necesitas para tu cirugía? ¿Te encomendarías a un dentista que dice que puede también sacarte la vesícula? Sí, he visto dentistas que tienen el uniforme parecido al que tenía el doctor que me sacó la vesícula, pero ellos se han entrenado en disciplinas totalmente diferentes con técnicas y educación diferentes. También, hemos visto doctores en las noticias que declaran el juramento Hipocrático pero que, más bien, ponen en peligro las vidas de niños y ancianos.

En la vida espiritual, estamos tratando de aprovechar de la fuente pura de vida verdadera; Cristo mismo. Él estableció una expresión real, viviente, física de su amor y dirección: la Iglesia. Por miles de años, hasta en medio de la corrupción de demasiados de sus miembros, la Iglesia ha dado enseñanza sana y fija sobre doctrina y moral. Ella es la única guía segura, la única fuente completa, en la que se puede entender y servir a su Santo Rey. Solo los que se han sometido auténticamente a lo que Cristo ha escogido como método de salvación pueden ayudarnos a adquirir ese mismo regalo. Los que pretenden amar a Cristo y su camino pero aceptan algunas y rechazan otras de Sus enseñanzas al estilo de comprar zapatos, están, ellos mismos, perdidos y no son dignos de guiar a ningún otro a la plenitud de la fe.

Con este entendimiento, puede ser un poco difícil saber si el posible director espiritual está de acuerdo con los asuntos que la Iglesia considera los más importantes. Hay varios temas candentes que puedes probar para determinar el nivel de dedicación que tiene cualquier posible director con respecto a las enseñanzas de la Iglesia. El primero es el aborto. Si el potencial director no está totalmente opuesto a ese mal intrínseco, estás hablando con la persona incorrecta. Si cuando le haces la pregunta comienza su respuesta con, "Pues, el aborto es uno de muchos temas de la vida," hay una gran posibilidad que en esta persona no se puede confiar en cosas de fe y moralidad. Esta clase de respuesta sirve, muchas veces, como una estratagema para una perspectiva rebelde y contraria a la verdadera fe católica .

Otro tema es la encíclica escrita por el Santo Papa Pablo VI llamada *Humanae Vitae.* Si no recibes una respuesta positiva cuando preguntas sobre este documento, busca en otro lugar (¡y sería bueno que tú lo leyeras también!). El tercer tema se trata de la autoridad de la Iglesia y nuestro deber de honrarlo como católicos fieles. Para entender mejor la autoridad magisterial de la Iglesia, *Mysterium Ecclesiae* (Declaración Sobre la Doctrina Católica acerca de la Iglesia para Defenderla de Algunos Errores Actuales) es una ayuda. Puedes encontrar estos documentos en el sitio Vaticano www.vatican.va. Si te tomas el tiempo de revisar estos documentos breves y profundos, estarás bien preparado para las respuestas y para interpretar el nivel de compromiso, con la autoridad magisterial, que tiene cualquier director. También, podrías encontrarte con el reto de tener que cambiar tus propios puntos de vista acerca de hechos centrales de la fe -- ¡un gran tema para dirección espiritual! No dudes en preguntarle a tu posible director que piensa él o ella de esos documentos. Si recibes una respuesta que no los afirman, de inmediato, sea prudente y, con respeto, haga más preguntas. De esta manera actúas sin arrogancia y sin juzgar. ¡Al contrario! Actuarías con humildad y sabiduría. Como católicos, tenemos el derecho de saber cuándo nuestros líderes se han desviado -- esa es una razón por la que la Iglesia nos da un Catecismo universal.

Es una cosa hablar de fe y espiritualidad, es otra cosa vivirlo; un director espiritual efectivo tiene que tener experiencia en la vida espiritual. San Juan de la Cruz, en sus comentarios sobre la tercera estrofa de "Llama de Amor Viva," dice que si el director no tiene experiencia en la vida espiritual, el o ella no puede ayudar al dirigido y probablemente le haría daño. Si vamos a seguir la guía de un líder en nuestra vida espiritual, ellos deberían tener, por lo menos, un poco de experiencia de la vida hacia la cual nos están guiando.

Lo que buscamos de dirección espiritual no está realizada solo con información objetiva. Estamos tratando de comprometernos más profundamente con nada más que la persona misma de Cristo. Estamos persiguiendo una relación de amor, no un ejercicio académico. Los que escogemos para guiarnos deben conocer este amor -- no solo saberlo -- si es que van a dirigirnos hacia Él.

Preguntas para tu posible director espiritual

Dentro de este contexto, a continuación encontraras una breve lista de preguntas sugeridas que puedes plantear a cualquier potencial director espiritual que encuentres a fin de determinar la conveniencia de trabajar con el y si realmente es el director espiritual adecuado para ti:

- ¿Recibes dirección espiritual regularmente? ¿Cada cuánto te reúnes con tu director?
- ¿Qué te motivo a ser director espiritual?
- ¿Puedes hablarme un poco sobre tus disciplinas espirituales y tu vida espiritual (la misa, la adoración, la meditación, el rosario, la oración mental, etc.)?
- ¿Tienes alguna formación teológica o espiritual, u otro entrenamiento especial que te ayuda a fungir como director espiritual?
- ¿Cuánto tiempo has ejercido como director espiritual?
- ¿Hay algunas enseñanzas de la Iglesia con las que no estés de acuerdo, o con las que luchas para aceptar?
- ¿Tienes devoción a la Santísima Virgen María?
- Por favor, háblame de tu relación con Cristo.

Si te sientes incomodo haciendo estas preguntas cara a cara, puedes plantearlas por correo electrónico. Asimismo, puedes suavizar tu interrogación previamente aclarando algo así como: "Estoy buscando un método en particular de dirección espiritual. ¿Te molestaría si te hiciera algunas preguntas sobre tus perspectivas?" Obviamente, si se le pregunta así, tan diplomáticamente, esa persona te va a responder algo como, "Claro que no. Pregúnteme." Ahora puedes darle las gracias y también tu lista de preguntas. Plantear estas preguntas puede resultar incómodo, pero es mejor preguntarlas al principio que encontrarte desenmarañando una relación con un director que te está guiando hacia un destino diferente del que tú estás buscando.

Un atajo espiritual posible

Es necesario que los dirigidos tengan un entendimiento sólido de su fe. Sin embargo, hay unos mini-atajos que se encuentran en muchos movimientos fieles y órdenes religiosas dentro de la Iglesia que se pueden utilizar para navegar este laberinto. Los que se han aferrado firmemente al Catolicismo auténtico muchas veces proveen los medios para que sus miembros puedan profundizar su fe por medio de muchas maneras provechosas, inclusiva la de la dirección espiritual. Esencialmente, cuando nos dirigimos a estas organizaciones esperamos que vamos a adoptar una regla de vida. Eso quiere decir que estamos en busca de una vía espiritual específica que nos puede ayudar a enfocar nuestras disciplinas espirituales y nuestra práctica de virtud.

Muchas veces, estas organizaciones siguen vías fructuosas de los santos que fueron sus fundadores (como San Francisco y los Franciscanos), o los que han desarrollado papeles significativos entre ellos (como San Juan de la Cruz o Santa Teresa de Ávila en la tradición Carmelita). Obviamente, entrar a una Tercera Orden o haciéndote Laico Carmelita o Franciscano es una obligación seria. Para los que toman su fe seriamente, estas obligaciones tienen beneficios que superan cualquier reto.

Para estar claro, no es necesario ser monjita de clausura o ermitaño para recibir los beneficios de estos hermosos regalos de la Iglesia. Las organizaciones laicas están a la disposición de personas como tú y yo. Unos buenos ejemplos de espiritualidades aprobadas por la Iglesia recientemente son Opus Dei (www.opusdei.org), Apostles of the Interior Life (Apóstoles de la Vida Interior - www.apostolevitainteriore.it), Comunión y Liberación (www.clonlin.org), y Regnum Christi (www.regnumchristi.com). Los Institutos Seculares también pueden proveer mucho apoyo para la vida espiritual y apostólica de sus miembros. Puedes encontrar más información en www.secularinstitutes.org. Las constituciones o provisiones canónicas de éstos, y muchos más, son aprobados por la Santa Sede y la dirección que dan para la vida espiritual puede ser enormemente valiosa. Puedes hacer contacto con estas organizaciones para encontrar información sobre actividades en tu área por medio de sus sitios en el Internet.

Un recurso bueno para determinar la fidelidad de cualquier grupo se puede encontrar en el sitio Cultura Católica (Catholic Culture - www.catholicculture.org/culture/reviews) con sus reseñas de sitios de varias organizaciones. Si Cultura Católica encuentra que el contenido del sitio es dudoso, esto no quiere decir que no encontrarás miembros fieles que te pueden asistir, pero debes estar consciente de la situación y actuar con prudencia. Por ejemplo, si encuentras que estás atraído a la espiritualidad Carmelita, investiga un poco y contacta los representantes en tu área. Pero ten cuidado de siempre hacerles las mismas preguntas que le harías a cualquier director espiritual. Si notas algo sospecho, de manera amable y con respeto, no vaciles en preguntar sobre los detalles. Al fin y al cabo, estás confiando tu alma al cuidado de otra persona y solo un tonto lo haría sin una investigación seria.

Para resumir esta sección, volvemos a San Simeón, el Nuevo Teólogo quien nos da un consejo profundo para seleccionar un director espiritual:

Busque alguien que sea, como si dijéramos, un intercesor, un doctor, y un buen aconsejador. Un buen aconsejador, para que te pueda ofrecer maneras de arrepentimiento que estén de acuerdo con su buen consejo; un doctor, para que puede recetarte la medicina apropiada para tus heridas; y un intercesor para que puede propiciar a Dios, estando ante Él cara a cara ofreciéndole oración e intercediendo en tu nombre. No trates de encontrar un adulador o un esclavo de su estómago y hacerlo tu aconsejador por si acaso él se acomoda a tu voluntad y no a lo que Dios desea, te enseña lo que deseas oír y te deja, en realidad, un enemigo sin reconciliar. Tampoco deberías escoger un doctor sin experiencia por si, siendo demasiado agresivo con sus incisiones y cauterizaciones inoportunas, te sumerge en desesperación o, de manera peor, te deja, con su compadecer extremo, pensar que te estás sanando cuando, en realidad, todavía estás enfermo, y así te entrega al infierno eterno que no esperabas. Esto no hace más que causar en nosotros el mismo padecimiento que ahora mismo está matando el alma.[13]

¿CÓMO ME ARREGLO Y PREPARO PARA MI PRIMERA CITA?

Muchas veces, el aspecto más difícil de planear la primera cita es el temor. Todos los que desean tener un director espiritual, y que todavía no lo tienen, están en la misma posición vulnerable. Lo que sigue es un resumen de obstáculos comunes que podrías encontrar. Subsecuentemente repasaremos los puntos esenciales y los pasos básicos para preparar y arreglar tu primera cita. Asimismo, te damos una serie de consejos sobre los aspectos esenciales necesarios para tener una dirección efectiva.

Retos comunes y perspectivas

- El área de nuestras vidas más importante (nuestra fe) es, al mismo tiempo, el lugar en el que, obviamente, necesitamos más ayuda para crecer. Esta afirmación puede ser una confesión difícil y sensible de expresar, especialmente por parte de los hombres.
- Es típico que los católicos comprometidos traten a los sacerdotes y a los religiosos con mucha estima y abusen de sus horarios, aun cuando estos se encuentran ocupadísimos. Si estás buscando la dirección de un laico, tal vez eso no sea siquiera un problema para ti. Al mismo tiempo, los directores laicos casi siempre tienen que ganarse la vida de otra manera aparte de la dirección espiritual que ofrecen, y ellos también pueden ser personas muy ocupadas.

- Queremos que la relación con el posible director espiritual se mantenga positiva y sana (particularmente si él es nuestro párroco o una persona muy conocida).
- El proceso y la naturaleza esencial del crecimiento espiritual es desconocido. Parece que uno está entrando en una neblina -- hay que seguir moviéndose pero no sabemos que resultará de nuestra decisión de seguir adelante. Esto sucede particularmente con los que apenas están comenzando la jornada.
- Algunos de nosotros estamos preocupados sobre la ortodoxia de los que nos pueden ayudar. Queremos guías competentes y nos preocupa que los que no son fieles a las enseñanzas de la Iglesia, o los que la Nueva Era u otras espiritualidades han influenciado, nos puedan llevar por otro camino. Esta preocupación es válida y nos da más razón para asegurar que tengamos un entendimiento sólido de nuestra fe, y particularmente las enseñanzas de la Iglesia sobre la oración y la vida espiritual.

Por lo cual la primera pregunta a plantarse es una de motivación. ¿Estás listo para sufrir cualquier inconveniente para llegar a realizar una meta más grande, la de encontrar paz en tu alma y de vivir tu vida de acuerdo con tu fin último? Si tu respuesta a esta pregunta es sí, la mitad de la batalla ya está ganada. Ten coraje -- eres único en este mundo: Dios te está llamando y tú estás escuchando. Aquí hay unas maneras básicas de superar estas emociones y estos retos que nos inhiben:

1. Aumenta tu conocimiento y entendimiento del proceso de dirección espiritual. Leyendo este libro, ya haz progresado mucho en esto. ¡Sigue este buen esfuerzo!
2. Si todavía estás preocupado sobre la fidelidad o la perspectiva de un sacerdote o un posible director, se directo y no dejes que esto impida tu progreso.

3. Reconoce que el cuidado de las almas, por el medio de la dirección espiritual, es una parte central a la llamada de un sacerdote y algunos religiosos. Cualquier sacerdote bueno estará animado al descubrir y trabajar con un alma dispuesta a seguir a Cristo. Los laicos también, si son llamados a este apostolado, tienen la misma perspectiva, aunque es probable que ellos también estén empleados y ocupados con las actividades normales cotidianas que todos nosotros que no somos sacerdotes o religiosos compartimos.

4. Considera el horario de tu posible director espiritual de una manera práctica. ¡Aquí te doy un pequeño secreto para obtener la primera cita o hasta para obtener más citas: persiste! Los directores espirituales, particularmente si son pastores de una parroquia, están ocupadísimos. Un método que los directores espirituales usan para administrar su tiempo es asegurarse que los que le piden dirección espiritual toman esa relación muy seriamente. ¿Cómo lo hacen? Dicho simplemente, no hacen que el proceso de hacer una cita sea fácil. No estoy diciendo que se van a oponer a los intentos de hacer una cita del posible dirigido, pero van a juzgar la constancia de esta persona interesada como una manera de determinar su seriedad. Al principio, esto tal vez no parece insensible. Aún, si tuvieras más demandas para tu tiempo de lo que podrías cumplir, ¿cómo lo harías? Los directores buenos saben que los que persisten en lo que sea para reunirse con ellos son los que van a tomarse el proceso con la debida seriedad. No te desanimes si tus primeros y segundos intentos no producen los resultados que quieres. ¡Sé persistente de una manera respetuosa y amable!

Más allá de estos detalles, aquí hay un esquema para arreglar tu primera cita y para asegurarte que vaya bien:

Tu primera cita, paso a paso

1. *Haz contacto con tu posible director y pídele una cita de veinte minutos para tener una "breve discusión sobre tu vida espiritual."* No tienes que elaborar -- solo se breve y al punto.
2. *Prepárate para la cita.* Antes de tu primera cita, revisa la sección en el capítulo siguiente llamado "Preparación para citas." Asegúrate que tus discusiones queden limitadas a tus objetivos espirituales específicos o los retos que estás enfrentando. Por ejemplo, podrías decir simplemente algo como lo siguiente: "Estoy luchando con mi vida de oración." Un director bueno procedería desde ese punto y te haría las preguntas necesarias para ayudarte a diagnosticar y superar los desafíos que enfrentes.
3. *Trabaja mucho para mantenerte en el camino.* La mejor manera para hacer esto es apuntar todo lo que quieres revisar con tu director. El proceso de escribir a mano, o con máquina, lo que te preocupa te ayudará a prepararte con oración y te clarificará los hechos específicos que quieres cubrir.
4. *Llega antes de tiempo.* Nunca hagas que tu director espiritual te espere. Acuérdate que la demanda para directores buenos es muy grande. Los directores que no tienen mucho tiempo tendrán que manejar muy bien su tiempo. Si tu honras este compromiso, es más probable que tengas una relación sana y continua. Confirma la hora de terminar cuando comienzas la cita como una señal de sensibilidad a su horario. Puedes hacerlo simplemente con decir, "Gracias por dedicar parte de su tiempo para reunirse conmigo, yo se lo ocupado que esta usted. Para que pueda estar al tanto de su tiempo, ¿le parece que debiéramos terminar nuestra cita a las diez?
5. *Termine a tiempo.* Fíjate bien en el reloj, especialmente si eres sociable y locuaz. Si eres obviamente sensitivo a su horario, ellos reconocerán que tu respetas sus tiempos y serán más

receptivos a tu próxima petición de cita. Si vienes a la cita sin preparación, y sigues hablando y hablando, prepárate para enfrentar cierta dificultad en obtener más citas. No puedo poner demasiado énfasis sobre este punto. Hablar mucho y excesiva locuacidad le indica claramente al director que nuestras habilidades de oír y de ser conscientes de nosotros mismos no son muy buenas y que no están a la altura necesaria para que la dirección y la administración del valioso tiempo asignado sea eficiente y efectiva.

6. *Cuando se esté terminando tu tiempo, apunta y repite la dirección que has recibido.* Pregúntale al director, o al posible director, "¿Lo he escuchado propiamente...?" Esto no es solo una buena práctica, pero le indicará al director que eres serio y que estás escuchando: una digna inversión de tiempo.

7. *Si todo parece ir bien, cuando estén concluyendo la cita, pregúntale, "¿Puedo darle seguimiento a este tema si tengo más preguntas o si necesito alguna aclaración?"* Pregúntale a tu director cual sería la mejor manera de hacerlo (teléfono, correo electrónico o sea email, o personalmente). A veces, si la distancia geográfica entre tú y tu director es significativa puedes investigar si hay otra manera de comunicarse con ellos. Algunos directores y dirigidos usan conferencias Web como, por ejemplo, Skype™. Dicho eso, la reunión cara a cara es preferible. La comunicación con gente de buena voluntad es difícil aun cuando están de acuerdo. Con los hechos que se tratan en la dirección espiritual, es preferible establecer un fundamento sólido de entendimiento cuanto antes. Las reuniones cara a cara son las mejores maneras de hacer esto, especialmente al principio de la relación.

8. *Para las citas que siguen, comienza revisando lo que tu director te aconsejó en la última cita y ponlo al tanto de tu progreso, tus preguntas, dificultades, etc.* Esto será otra señal fuerte de que valoras el tiempo y el esfuerzo del director.

9. *Considera ofrecer un donativo al concluir la cita.* No es raro ofrecer, por lo menos, veinte dólares por una media hora de dirección espiritual, y hay algunos directores espirituales que piden hasta sesenta dólares o más por cada cita. Algunas órdenes y organizaciones religiosas prohíben o se oponen a que el director espiritual pida un donativo. Usa tu discreción y sé sensitivo a que ellos han dado un tiempo valioso para guiarte hacia Cristo -- un regalo sin precio que se merece nuestra generosidad concreta como respuesta. Si tú estás reuniéndote con alguien de una orden religiosa, quizás será más apropiado escribir un cheque a la orden misma. Después hablaremos más sobre esto.
10. *Si estás convencido que esta relación debería continuar, no tardes en ponerte en lista para la próxima cita ese mismo día y obtener el día y la hora especifica.* No seas tímido. En dos ocasiones he visto lo que sospecho que es un reto común con directores y sus dirigidos: Ambos hablan de una cita siguiente, pero no la apuntan en sus agendas o calendarios porque ambos están tratando de ser respetuosos el uno con el otro. ¿El resultado? ¡Ninguna cita! No caigas en esta trampa. Si esta es la voluntad de Dios para ti, haz la próxima cita, sin peros.

Con todos estos instrumentos y recursos en tus manos, tu próximo paso será llamar por teléfono para hacer una cita. Pase lo que pase, estarás obedeciendo a la llamada de Dios. Él recompensará tu coraje y diligencia y te dará lo que te hace falta. A su debido tiempo, no tengo duda de que "aquel que comenzó en ustedes la buena obra la irá completando hasta el Día de Cristo Jesús." (Filipenses 1:6).

Enfrentado el reto

A veces algunos de los hechos que hemos discutido, junto con el trabajo necesario para crecer espiritualmente, puede causar vacilación con respecto a la búsqueda y participación de la dirección espiritual. Santa Teresa de Ávila nos advierte claramente que los que están en busca de una vida espiritual más profunda van a encontrar muchos obstáculos por el camino. El enemigo de nuestras almas le teme más a una persona que está completamente sumergida en Cristo. Aunque este compromiso puede ser difícil, tenemos que estar claros y resueltos de nuestra necesidad de Cristo y la asistencia que el director espiritual nos da para conocerlo y seguirlo. Tenemos que estar resueltos a enfrentar estos retos y los que pueden ser aún más difíciles de superar (por ejemplo, la auto-revelación), y los que surgen de la profundidad de almas heridas quienes saben que su única esperanza es la redención en y por medio de Cristo.

RESPONSABILIDADES DEL DIRECTOR ESPIRITUAL

En este momento, vale la pena reiterar que no es la responsabilidad del director espiritual manejar tu crecimiento espiritual. Un director espiritual no es un doctor rico con una plantilla de personal y un archivo para cada paciente que revisa antes de cada cita. Al contrario, muchas veces los directores espirituales dan sus vidas a este trabajo a cambio de muy poca compensación monetaria o, inclusive, a cambio de nada. Casi siempre están empleados en otro lugar o, si son religiosos o empleados de la diócesis, tendrán bastantes otras asignaciones que atender. En este contexto, los directores tienen responsabilidades dentro de y fuera de la dirección espiritual. Gracias a Dios, la Congregación para el Clero ha publicado una obra de gran asistencia sobre este tópico titulado *El Sacerdote, Confesor y Director Espiritual, Ministro de la Divina Misericordia.*[14] Este libro ayudará a los directores a entender sus responsabilidades (especialmente presbíteros) y ayudará a los dirigidos a adquirir un claro entendimiento del correspondiente proceso desde el punto de vista del director espiritual o el sacerdote. Como este tema no es el foco de este libro, solo vamos a revisar unas pocas responsabilidades esenciales.

Fuera de dar dirección espiritual, los buenos directores espirituales deberían estar recibiendo dirección espiritual ellos mismos; deberían estar creciendo en su fe propia y deberían tener responsabilidad activa de sus vidas. Más allá de esto, deberían cultivar virtud, conocimiento, y oración:

Virtud: Deberían cultivar la búsqueda de santidad de forma energética, constante, y sistemática.

Entendimiento: Deberían tener un hábito de vida de profundizar, de manera responsable y continua, su entendimiento de la vida espiritual, la enseñanza de la Iglesia y asuntos relacionados.

Oración: Deberían rezar y sacrificarse regular y sinceramente por los que dirigen. En particular, deberían tener una vida de oración regular y bien desarrollada.

Dentro de los directores espirituales, los directores buenos generalmente:

- Se acuerdan que ellos solo son instrumentos del Espíritu Santo y una ayuda a los que dirigen. Los directores nunca deberían constituirse en los protagonistas de la relación.
- Son cuidadosos de escuchar en oración la inspiración y la guía del Espíritu Santo acerca de la raíz de las causas que impiden que el dirigido logre progreso espiritual.
- Se esfuerzan por escuchar y entender lo que los dirigidos intentan y no solo lo que dicen.
- Son lentos para hablar y listos para hacer preguntas que aclaran en vez de suponer que entienden todo de inmediato.
- Apacible, pero a veces firmemente, por caridad, desafían al dirigido para que sea franco, honesto, y responsable acerca de sus obligaciones y para que sea fiel a lo que Dios le está pidiendo.

Consejos para directores

Más allá del fundamento de estas actitudes básicas, Jean-Baptiste Chautard, en *El Alma del Apostolado* (*The Soul of the Apostolate*), describe concisamente los tópicos que se deberían incluir en cada sesión de dirección espiritual. Estos consejos son específicamente para directores:

Paz. Descubre si el alma tiene paz verdadera, no simplemente la paz que el mundo da, o la paz que resulta de la ausencia de lucha. Si no la tiene, trate de darle una paz relativa, a pesar de todas sus dificultades. Este es el fundamento de toda dirección. La calma, recogimiento y confianza entran aquí también.

Un ideal alto. Tan pronto tengas suficiente material para clasificar el alma[15] y reconocer sus puntos débiles, así como la firmeza de carácter, temperamento y el punto de su lucha para la perfección, encuentra la mejor manera de reanimar su deseo de vivir más seriamente para Jesucristo y la mejor manera de acabar con los obstáculos que le impiden el desarrollo de la gracia en el alma. En pocas palabras, lo que queremos aquí es hacer que el alma aspire más y más hacia arriba todo el tiempo.

Oración. Descubre como reza el alma y, particularmente, analiza su fidelidad a la oración mental, sus métodos de oración mental, los obstáculos encontrados, y el provecho que ha sacado de este tipo de oración. ¿Qué valor saca de los sacramentos, la vida litúrgica, las devociones particulares, oraciones de alabanza y la práctica de la presencia de Dios?

Abnegación. Descubre sobre qué punto, y especialmente cómo, el examen particular está hecho, y en qué manera se practica la abnegación, si por odio al pecado o por amor a Dios. ¿Qué tan bien se observa la custodia del corazón? De otra forma ¿cuánta vigilancia hay en el combate espiritual y en la preservación del espíritu de oración durante el día?

Estos son las responsabilidades básicas y universales de cualquier director espiritual. Los directores espirituales son humanos e imperfectos, y tal vez un dirigido encontrará que un director tiene fuerzas y debilidades en estas áreas de responsabilidad. Las noticias buenas son que si entendemos como la dirección espiritual puede y debe trabajar, podemos ayudar a asegurar que el proceso es lo más fructuoso que puede ser aún con las debilidades normales que surgen de los dos lados de la relación.

Límites de las relaciones sanas

Tanto el director como el dirigido tienen que asegurarse de que la relación nunca cruce los límites apropiados. Fuera de aquello que se ha discutido en el capítulo "¿Qué es la dirección espiritual?", es completamente inapropiado que un director y un dirigido tengan cualquier clase de relación física, sexual o de dependencia emocional. Si cualquiera de los dos percibe objetivamente que la relación está cruzando estos límites, se debe terminar dicha relación de inmediato.

Sobre este punto, vale la pena notar que es común para un dirigido tener un sano apego o afecto con su director. Es absolutamente normal, por ejemplo, apreciar a alguien que te ayuda -- especialmente en un aspecto tan esencial como el de la vida espiritual. Este afecto es apropiado siempre y cuando las dos personas puedan reconocer y asegurarse que la relación que se mantiene es sana.

MIS RESPONSABILIDADES EN LA DIRECCION ESPIRITUAL

Como se ha indicado en la secciones anteriores, los dirigidos tienen que encargarse y tomar plena responsabilidad de su crecimiento espiritual y del proceso de dirección. Anteriormente se habia planteado la idea de que los directores espirituales no son como doctores que tienen una plantilla de personal y sistemas de computadores para mantener archivos y seguir a los que sirven. Mas bien, los dirigidos deberán tomar las mismas responsabilidades que muchas veces esperan que sus directores tomen. Aunque suene extraño, es bueno pensar en sí mismo como la persona que mantiene sus mismos archivos, diario, notas de progreso y demás. Al contrario de la dinámica que evoluciona entorno a los médicos, tú deberás ser el que revisa y prepara tus notas antes de cada cita y el que actualiza esas notas al final de cada cita. Un aspecto de tu relación sí es parecido al del doctor y paciente: tú tienes que hacer el trabajo de lograr nuevas citas y asistir regularmente a ellas. Más allá de esos elementos fundamentales, lo que sigue son aspectos esenciales de las responsabilidades del dirigido.

Docilidad y obediencia

La docilidad es un área de gran importancia en la relación de la dirección espiritual y puede ser muy fácilmente malentendida. Esto se aplica, muy especialmente al perfil de dirigido moderno que rechaza cualquier idea de sumisión o sometimiento de su voluntad a la dirección de alguien. Podrás fácilmente encontrar algunos autores modernos de Catolicismo occidental, que escriben sobre la dirección espiritual y han advertido firmemente sobre este hecho. Frecuentemente, esto pasa porque son sinceramente sensibles a la posibilidad de abuso y se preocupan legítimamente de asegurarse que el dirigido sea completamente libre para seguir o no hacerle caso al consejo que ha recibido en la dirección. En la tradición de la Iglesia oriental (por ejemplo los Ortodoxos Griegos o Rusos), será más probable encontrar declaraciones firmes que están al otro lado del espectro de los autores Occidentales. En la tradición eclesiástica y teológica oriental, cualquier dirigido será advertido de evitar la dirección espiritual si no está listo y dispuesto a abrirse completamente y someter su alma en obediencia a otra persona. En el oriente, la preocupación sincera es que el dirigido venza cualquier ilusión o engaño de sí mismo por medio de la sumisión confiada al discernimiento de otra persona. En realidad, las dos formas extremas de estas preocupaciones pueden resultar en problemas involuntarios. Sencillamente, si tú eres dócil a una mala dirección, vas a estar mal dirigido a tu perjuicio y por tu elección. Si eres obstinado frente a una dirección sana, vas a estar mal dirigido por ti mismo y seguramente esto va a redundar en un gran perjuicio espiritual para ti.

Debido a los abusos de exceso de sumisión de un lado del espectro, muchas veces hay una sobre reacción, que es a la vez equivalente y opuesta. Como es común con los extremos opuestos, la sabiduría se encuentra a medio camino. Lo esencial es que siempre debemos mantener nuestra libertad de actuar con nuestra propia voluntad en sumisión a Dios, y debemos mantener una disponibilidad igual para aceptar humildemente la perspicacia y dirección de cualquier director que es digno de nuestra confianza. Hay un poco más sobre las ideas de docilidad y obediencia.

Docilidad. La docilidad verdadera es un ingrediente esencial para el éxito de cualquier relación de dirección espiritual. ¿Qué es docilidad? Docilidad es la disponibilidad humilde de seguir la voluntad de Dios en nuestras vidas. A veces esto está expresado en la buena voluntad de escuchar y seguir el consejo imperfecto de una persona imperfecta, y, a veces, aun cuando no estamos de acuerdo o no entendemos completamente. Es crítico acordar que estamos en la dirección espiritual porque reconocemos que la condición humana requiere consejo fuera de sí para crecer. El hecho de que somos criaturas caídas requiere que alguien nos ayude a ver las áreas de nuestra alma que no podemos ver sin asistencia. Aun cuando nuestro director esté equivocado sobre un asunto particular (suponiendo que la dirección no es algún pecado), sin duda vamos a sacar provecho de seguir caminos que no hubiéramos escogido nosotros mismos. Este simple ejercicio de caminar en caminos ajenos nos va revelar cosas que no hubiéramos visto a menos que alguien nos moviera a hacerlo.

Obediencia. Algunos autores, escribiendo sobre el tema de dirección espiritual, hacen una distinción entre docilidad y obediencia. Típicamente, señalan que obediencia es algo que ocurre solo en una relación de esclavo y dueño cuando el esclavo no tiene voluntad propia. Este método es, muchas veces, una exageración bien intencionada para decirle algo importante a uno. Es verdad que un dirigido no debería actuar de manera contraria a la voluntad y deseos del director por los de sí mismo. También es verdad que ningún dirigido está pecando cuando escoge desobedecer a su director espiritual (a menos que el consejo sea una imagen de los mandamientos de Dios mismo). Aun así, puede ser un gran acto de santidad obedecer a tu director espiritual, particularmente cuando está sugiriendo algo que es muy difícil pero que, de cualquier manera, va a profundizar nuestra relación con Cristo. Lo que es esencial recordar aquí es que Dios nunca nos quita nuestro libre albedrío; un director espiritual no lo debiera hacer tampoco. En una relación sana, un director espiritual no puede tener influencia en nuestras vidas a menos que le demos nuestro consentimiento.

Si lo que nos aconseja hacer está de acuerdo con la ley de Dios como está reflejada en la enseñanza de la Iglesia, y si estamos escogiendo obedecer por nuestra propia elección, estamos en tierra firme y es probable que vamos a tener grandes bendiciones por medio de nuestra obediencia. Cristo mostró esta realidad cuando joven. "El regresó con sus padres a Nazaret y vivía sujeto a ellos...Jesús iba creciendo en sabiduría, en estatura y en gracia, delante de Dios y de los hombres" (Lucas 2:51-52).

Franqueza

Hace más que mil años, San Juan Clímaco escribió estas palabras sobre la franqueza en la dirección espiritual: "Un piloto no puede salvar un barco a solas sin la asistencia de sus marineros. Ni puede el doctor curar un paciente a menos que el paciente se lo pida... revelando la herida con confianza completa. Los que se avergonzaron de consultar a un médico han dejado que sus heridas se pudran; resultando muchas veces en la muerte debido a esto."[16] La condición humana no ha cambiado desde que San Juan escribió esta advertencia. Como una triste ilustración de esta verdad, un familiar conocido recientemente murió de cáncer. Discutiendo sobre la tragedia de perder una esposa y madre con hijos menores de edad, surgió una realidad más horrible. La mujer sabía que estaba enferma pero no se sometía al doctor porque tenía miedo. La ironía es trágica pero muy común en la vida espiritual. Muchas veces, preferimos sufrir en nuestra miseria que confiar en alguien que podría ayudarnos. Mas bien, escondemos el dolor con un manto de negación mientras el cáncer espiritual nos corroe el alma. Algunos de los mejores entre nosotros esconden esta condición por medio de obras buenas, manteniendo un horario bien ocupado sirviendo la Iglesia y participando en otras actividades positivas. Mientras tanto, la enfermedad de un pecado particular o una imperfección carcome nuestro puente de gracia a Dios, hasta que un día volvemos a ver que el puente se ha puesto débil e impasable. Aparte de la participación regular en los sacramentos, el más poderoso apoyo para el puente de gracia es abrir nuestras almas, abrirlas a otra persona, confiar en que Dios nos dará lo que necesitamos por medio de ellos. Sin esta buena voluntad, la dirección espiritual es solo otra muesca en el cinturón de las acciones espiritualizadas que produce casi nada de progreso hacia la gran libertad que Cristo ha preparado para cada uno de nosotros.

A pesar de lo que llamamos nuestra respuesta afirmativa al Espíritu Santo, dentro del consejo de nuestro director, una actitud de humildad es absolutamente esencial para una relación efectiva de dirección espiritual. Sin ella, simplemente hemos añadido otra voz en nuestras vidas con la que podemos discutir mientras nos quedamos atascados en patrones en los que, desde hace mucho, hemos sido ciegos y esclavizados.

Preparación para las citas

Aunque hemos considerado esto en una sección anterior, vale la pena investigar un poco más el tema de la preparación. Simplemente, vamos a revisar tres tipos de preparación: remota, cercana e inmediata.

Preparación remota

La preparación para tu próxima dirección espiritual comienza durante el último momento de tu dirección espiritual anterior. Haciendo una nota sobre los puntos claves que has recibido durante la dirección e identificando algunas acciones concretas en las que puedes poner tus esfuerzos, puedes crear tu mapa espiritual para el mes siguiente. Tú puedes captar y encapsular esas ideas con frases significativas como "el desaliento nunca viene de Dios" o "soy impaciente porque soy arrogante". Tú puedes capturar y encapsular acciones concretas con frases motivadoras como "utilizo los primeros tres minutos de mi viaje diario al trabajo dando gracias a Dios por las bendiciones de hoy" o "cuando llego a casa, doy los primeros diez minutos completamente a mi esposa" o "cuando mis amigos comienzan a chismorrear, cambio el tema". Pon estas frases en tu agenda, tu diario, tu página de inicio -- en cualquier lugar que, definitivamente, vas a verlas a menudo. No dejes tu dirección espiritual sin este mapa. A propósito, no es necesario inventar nuevos objetivos para cada cita de dirección espiritual; a veces cambiar solo una o dos palabras de una frase anterior puede refrescarlo o enfocarlo para ti.

También, tus percepciones y acciones concretas deben estar conectadas a tu programa de vida o tu regla de vida (luego hablaremos más sobre estas ideas); debes percibir claramente la conexión.

Preparación cercana

El día antes de tu dirección espiritual, tomate un poco de tiempo para revisar el mapa que hiciste después de tu última dirección espiritual. Pidiéndole luz al Espíritu Santo, analiza las siguientes áreas, haciendo notas donde es pertinente (por ejemplo, ¡Sí, que progresé en este punto! No progresé aquí, y no estoy seguro por qué. Esta crisis se manifestó y me desbarató…). Acuérdate siempre de incluir la pregunta "¿Por qué?" como parte de tu análisis. Este análisis te dejará con cosas para hacer un reporte y hacer preguntas. Esto será la orden del día para tu dirección espiritual. (Tu director espiritual puede sugerir cambios a la siguiente lista; es solo un punto de referencia.)

1. El estado general de tu alma desde tu última dirección espiritual.
2. Dificultades o fracasos en tu vida moral desde tu última dirección espiritual.
3. Cuan efectivas han sido las frases de progreso deseado de tu última dirección espiritual.
4. El progreso y resultado de las acciones concretas escogidas desde tu última dirección espiritual.
5. Los principales puntos de tu programa de vida, si no fueron incluidos en números 3 y 4.
6. Los retos y progreso en tu vida de oración, si no fueron incluidos en 3 y 4
7. La calidad de tus relaciones y responsabilidades claves de tu estado de vida, si no fueron incluidos en 3 y 4.

No necesariamente vas a tener mucho que decir sobre cada uno de estos puntos durante cada cita. Pero cuando los examinas personalmente, vas a identificar los puntos que realmente necesitas o quieres tratar. Esta preparación cercana, el análisis hecho con calma y oración de estas áreas, es como limpiar el garaje. Te refresca el alma y te motivará a mirar con entusiasmo el siguiente mes de trabajo espiritual.

Preparación Inmediata

Unos minutos antes de tu dirección espiritual, haz una visita al Santísimo para encomendarlo todo a Nuestro Señor. Si la posibilidad de comulgar no está disponible o es muy lejana, reza al Espíritu Santo para que te guíe a ti y a tu director. Asegúrate tener las notas de tu preparación próxima contigo. Finalmente, recuerda la meta verdadera de toda la dirección espiritual: descubrir más claramente la acción de Dios en tu vida y prepararte para responder generosamente a cualquier cosa que Él te pida.

Como mantener la continuidad

Todos sabemos que el ejercicio infrecuente no nos hace mucho bien. A la inversa, el ejercicio frecuente y regular nos provee mucho beneficio duradero. Esto es aún más cierto y aplicable con respecto a la participación en los sacramentos y a la dirección espiritual. Esto es porque Dios ha escogido estos caminos como medios de gracia para su gente. Para estar claro, las gracias recibidas en la dirección espiritual no son comparables a las que Dios da en los sacramentos. Sin embargo, la buena dirección espiritual siempre resulta en una participación enriquecida en los sacramentos de la Iglesia. Así como con el ejercicio, la regularidad es crucial para desarrollar impulso y fuerza espiritual. El fervor espiritual esporádico casi nunca resulta en la paz y plenitud que Cristo pone a la disposición de cada peregrino de fe.

Vale la pena repetir que muchas veces los horarios de los directores espirituales están tan llenos que puede ser difícil obtener una cita.

Algunos dirigidos encuentran esto desalentador y se frustran con su director. La solución simple es que el dirigido tome la responsabilidad de hacer citas regulares. Puede ser necesario la inconveniencia regular de hacer múltiples llamadas o correos electrónicos (email) repetidos para obtener una cita. En vez de frustrarse por esta situación, los dirigidos necesitan ver este proceso como parte de su santificación y crecimiento en humildad y paciencia. La alternativa es la dirección de una frecuencia que rinde crecimiento inconsistente y menos positivo. Una regla práctica es que los dirigidos deberían reunirse con sus directores aproximadamente una vez cada tres o cuatro semanas al comenzar el proceso. Una vez que la dirección está establecida, estas citas pueden ser cada cuatro o seis semanas o una vez cada tres meses.

Asuntos financieros

¿Hay algún esfuerzo en la vida que sea más importante que el de trabajar para conformar y someter nuestras almas a Cristo? ¿Hay alguna actividad digna de más atención y energía? ¿Qué te parece energía financiera en forma de donaciones? San Pablo, en su primera carta a Timoteo, indica que los que dirigen bien, con respecto a las almas a su cuidado, son dignos de un "doble reconocimiento" (1 Timoteo 5:17). Este "honor" o reconocimiento de que habla Pablo es nada más que honor material. Sí, muchas veces nuestros sacerdotes y religiosos han tomado votos de pobreza. Pero esto no quiere decir que ellos siempre tienen todo lo que necesitan para vivir y llevar a cabo su trabajo apostólico. Los laicos que dan de su tiempo, lo hacen muchas veces, a expensas de avance en sus carreras u otras actividades de que podrían gozar, para servirte. Independientemente de donde se va el dinero, nuestra generosidad es un reflejo de la salud de nuestras almas. Y, para la salud de nuestras almas, deberíamos ser particularmente generosos con cualquier persona que está dispuesta a dedicar su tiempo en nuestro bienestar espiritual. No estoy hablando aquí sobre la cuestión de que si los directores espirituales deberían cobrar. Mi énfasis aquí es que independientemente de si ellos cobran o no cobran[17] nuestra disposición debería ser una de generosidad.

Dicho esto, los asuntos de finanzas nunca, nunca, nunca deberían ser un obstáculo para tu crecimiento espiritual. Hay maneras creativas para responder a la provisión y las necesidades de tu director espiritual. ¿Tienen una necesidad que no se trata de finanzas que tienes la manera de satisfacer? ¿Eres un auditor o contador certificado, mecánico, o un quiropráctico? ¿Necesitará tu director espiritual algunos de estos servicios si tú no puedes ayudarlo económicamente? Si no hay manera material de ayudarlos, siempre es prudente ofrecer la promesa de un sacrificio espiritual específico a nombre de ellos (por ejemplo, una década del rosario cada día, etc.).

NO PUEDO ENCONTRAR UNO, ¿AHORA QUE?

Si todavía no estás cara a cara con Dios, tu búsqueda para lo que Dios te ha llamado no se ha terminado. Al llegar a esta parte del libro, los lectores astutos pueden entender que la auto evaluación, la preparación, y la búsqueda son casi tan importantes como la relación de dirección espiritual en sí. Si estás luchando para encontrar un director bueno, o experimentando una calidad de dirección mala, ¡anímate; estás en buena compañía! Santa Teresa de Ávila también tuvo este reto. En su autobiografía, lamenta tener que soportar la dirección errónea de varios directores espirituales malos durante unos veinte años. Aun así su profundo compromiso a esta práctica nunca declinó. Ella siguió buscando directores hasta que encontró varios que le ofrecieron perspectivas sobre oración y santidad que cambiaron su vida. ¿Qué hizo mientras tanto? Seguía luchando, seguía buscando, y seguía activa y comprometida a su búsqueda de Cristo.

Así es que, ¿cuál es la solución para nosotros? Sigue mirando, sigue luchando, sigue buscando y sigue trabajando en tí mismo de la mejor manera que puedas. Así como con Santa Teresa, Cristo te encontrará mientras buscas y te ayudará a avanzar como deberías, aún sin director espiritual (si es Su voluntad por un tiempo). Mientras tanto, sigue leyendo este libro y ofrece una oración a San José, como Santa Teresa nos aconsejó: "Quien no hallare maestro que le enseñe oración, tome este glorioso Santo por maestro y no errará en el camino.[18]

EL PROGRESO ESPIRITUAL DENTRO Y FUERA DE LA DIRECCIÓN ESPIRITUAL

La dirección espiritual puede ser comparada a un espejo retrovisor y un parabrisas limpio. El espejo retrovisor provee una perspectiva buena de lo que está detrás de nosotros; el parabrisas, una vista clara de lo que está al frente de nosotros. Todos estos dones de perspectiva, esperanza para el futuro y progreso espiritual pueden llegar de una manera poderosa dentro de y por medio del proceso y los encuentros personales de dirección espiritual. Para asegurar la mejor visión posible en esta jornada apasionante a Dios, hay unos cuantos ejercicios y técnicas que encontrarás útiles antes de y durante tus viajes. Con respecto a la vida espiritual, el reto para mucha gente es que no reconocen que necesitan un parabrisas limpio, una perspectiva retrospectiva clara de su pasado o hasta espejos laterales para ayudar con los ángulos ciegos. Los que sí reconocen la necesidad muestran diferentes niveles de destreza al usar estas herramientas, o no las usan del todo (así como los que no usan los cinturones de seguridad). La primera vez que nos sentamos frente al volante de un automóvil, necesitamos entrenamiento para asegurar una navegación exitosa y un viaje seguro. Con respecto a la importancia de estos instrumentos, muchos de nosotros tuvimos que aprender de manera difícil de nuestros errores pequeños y a veces grandes, y hasta casi accidentados en algunos casos. De la misma manera, hay instrumentos en la vida espiritual que son muy útiles para un viaje sano y efectivo.

Después de entrevistar varios directores espirituales, el uso o la falta de uso de un instrumento particular distingue si la relación de dirección espiritual es muy efectiva o menos efectiva. Dicho de otra manera, hay algunos dirigidos que experimentan un gran crecimiento por medio de la dirección espiritual, y otros que luchan más y experimentan menos beneficio en el proceso. Créanlo o no, a menudo la distinción entre los dos es si aprovechan los ejercicios espirituales o no.

¿Qué pasa con los ejercicios espirituales, un retiro silencioso o cualquier retiro guiado que tienen un impacto tan significativo sobre el crecimiento espiritual? Es muy simple. Los retiros espirituales proveen un ambiente donde el dirigido obtiene una mayor conciencia del estado espiritual de sí mismo. Es un lugar donde se puede escapar del ruido incesante que se ha hecho normal en nuestra sociedad. Solo en un estado de reflexión tranquilo se puede verdaderamente comenzar a oír la voz de Dios y evaluar nuestras vidas de una manera significativa.

De acuerdo a esto, los siguientes ejercicios son mejor buscados durante algún tipo de retiro silencioso. Muchos han tenido un profundo cambio de vida por medio de los ejercicios espirituales Ignacianos o retiros parecidos. Sin importar la forma que escojas, sin apartar tiempo (aunque fuera solamente en el automóvil por unas horas), el espíritu de oración, las percepciones, y las perspectivas más útiles en estos ejercicios serán limitados, en el mejor de los casos. Tú ya tomas tu vida espiritual seriamente; ten confianza, no te subestimes en el proceso.

Si tú no puedes asistir a un retiro, la mejor opción que sigue es apartar varias horas durante un fin de semana. Encuentra una iglesia donde puedas estar frente al Santísimo en silencio. Luego, permanece en ese silencio sagrado cuanto tiempo puedas. Piensa en tu vida, tu muerte, sobre lo que va pasar cuando veas a Dios cara a cara. ¿Te diría, "Bien hecho?" ¿Estarás avergonzado? ¿Estarás feliz? ¿Sufrirías? Siéntate en silencio e invita al Espíritu Santo a que te ayude a evaluar tu vida. Pero, antes de aventurar en el silencio, hay una relación muy importante que puede y debe ayudarnos en nuestro camino.

LA AUTOEVALUACION ESPIRITUAL

Mi herencia espiritual

El primer ejercicio es escribir una breve descripción de tu jornada espiritual para aumentar tu conocimiento de la presencia y el trabajo de Dios en tu vida. Una manera de hacer esto es tomar unas páginas de papel y crear secciones para cada periodo de tu vida. Por ejemplo, edad: de 0-9, luego delinear y describir el periodo de 10 a 18 años, luego de 19 a 25, y así por el estilo. No importa como organices cada periodo de tiempo de tu vida o como lo dividas exactamente. Lo que importa es destacar los momentos principales que tienen significando en tu viaje espiritual. Durante aquel tiempo que todavía vivías con tus padres, anota los elementos esenciales de su influencia espiritual. Podría ayudarte el recordar cualquier historia que sepas acerca de su peculiar peregrinaje espiritual. ¿Cuáles eran sus creencias sobre Dios? ¿Cómo vivían la vida? ¿Qué te decían sobre Dios? ¿Cómo atestiguaban sus vidas la presencia y el conocimiento de Dios? ¿Cuáles eran las reglas y normas escritos y no escritas sobre el ejercicio y la practica de la fe en tu casa? ¿Cuáles eran las convicciones públicas de su fe? Cuando reflexionamos sobre estas cosas, tenemos que tratar de entender las conexiones de todo esto con nuestras actitudes, convicciones, disposiciones y luchas actuales con nuestra propia fe.

Seguidamente expresa cualquier inclinación o des-inclinación espiritual, que puedas haber tenido durante este periodo (o el que sigue, lo que mejor se aplique). ¿Cuándo pensaste en Dios por primera vez? ¿Cómo era tu vida, desde el punto de vista de la virtud, la fortaleza o las debilidades en ese entonces? Recuerda que solo necesitas apuntar los momentos más memorables (no se requiere una extensa autobiografía en este punto). Una vez que has completado esta mirada retrospectiva de tu vida, vuelve al presente y comienza a preguntarte ¿qué ha desencadenado este tu actual interés en la dirección espiritual o tu deseo de profundizar tu relación con Dios?

Mi estado espiritual

Este próximo paso es crucial y está relacionado al estado actual de tu vida espiritual. Tomate un minuto e indica donde te encuentras en cada una de estas áreas fundamentales de tus hábitos y tu vida de fe. Cundo revises y escribas notas sobre estas áreas, ten cuidado de cualquier tentación de criticismo o de escrupulosidad excesiva. Recuerda siempre que la vida espiritual es un viaje largo que esta hecho de mil pasos. Para las personas de buena voluntad, en cada punto del proceso, no importa si nos sentimos o no nos sentimos santos, siempre encontraremos áreas potenciales para mejorar y progresar. La clave es recordar que tenemos que ser pacientes y tomar el proceso paso a paso.

Mi relación con Cristo

¿Cómo describiría mi relación con Cristo? ¿Es personal? ¿Está Jesucristo lejos de mí o me parece que Él está muy cerca? ¿Estoy consciente de Su presencia constantemente o solamente en raras ocasiones? ¿Es mi fe un asunto de deber, o es una expresión de amor y devoción? ¿Sirvo a Dios por miedo o por un sentido de obligación que viene de un incontenible sentido de gratitud? En cualquier caso, ten cuidado de no condenar tu condición de ninguna manera. El miedo, por ejemplo, es un buen punto por donde comenzar y uno que refleja donde está mucha gente cuando se lanzan más profundamente en su fe. No te preocupes por lo bueno o malo de cualquier posición en el espectro. Lo esencial es simplemente identificar donde estás ahora para que puedas avanzar efectivamente en tu búsqueda espiritual.

Mi participación sacramental

¿Con qué frecuencia participo en los sacramentos de la Iglesia y otros aspectos de devoción culta?

	Diario	Semanal	Mensual	Trimestral	Anual	Otro / No sé
Eucaristía / Misa						
Adoración						
Confesión						

Mi vida de oración

¿En qué estado está mi vida de oración?

	Diario	Semanal	Mensual	Trimestral	Anual	Otro / No sé
Oración vocal (Rosario, otras oraciones vocales fijas o letanías)						
Oración mental						
Examen de conciencia						
Otro						

¿Qué forma(s) de oración me gusta(n) más? ¿Por qué?

¿Qué forma(s) de oración me cuesta más? ¿Por qué?

En general ¿lucho con la oración? Si es cierto, ¿de qué manera?

Mi desarrollo espiritual/intelectual

¿Cuál es el estado de mi lectura espiritual o el desarrollo intelectual de mi fe?

Leo…	Diario	Semanal	Mensual	Trimestral	Anual	Otro / No sé
Las Sagradas Escrituras						
Libros espirituales						
Material teológico, apologética / otras obras o escritos Católicos						

Mi pecado radical

¿Qué es?

¿Qué es tu pecado radical? Si tú eres nuevo en el proceso de dirección espiritual, esta pregunta tal vez de va a sonar extraña. Después de todo, ¿qué es un "pecado radical" y por qué importa? En escritos antiguos sobre la vida espiritual, podrías encontrar la idea de pecado radical llamado "pasión gobernante," "falta predominante," "defecto dominante" o "pasión dominante." Sin importar el nombre que le llamemos o la designación que le demos, si entiendes la noción detrás de la frase "llegar a la raíz del problema," tienes la idea básica de lo que es este tipo de pecado.

Cuando hay problemas en la raíz de un árbol, muchas veces dichos problemas se manifiestan en las frutas del árbol (o en el hecho de que no producen fruta). La condición de la fruta no es más que un síntoma de la condición en que se encuentran las raíces. Las frutas de un árbol enfermo van a manifestar síntomas que señalan un problema con las raíces del árbol. Para resolver el problema, hay que reconocer los síntomas en la fruta y luego ocuparse de las raíces.

De igual manera, nosotros experimentamos muchos síntomas o frutas de pecados radicales. Podemos ser iracundos, impacientes, intolerantes, infelices, etc. Aunque podríamos confesar estas cosas o las más serias manifestaciones de ellas, muchas veces fallamos al no entender la raíz de los problemas, o sea los pecados radicales que están detrás de estos defectos. Si limitamos nuestra solución de problemas al enfoque de los síntomas, no es probable que lleguemos a la "raíz del problema" y encontremos una solución definitiva. Por eso es que a veces los católicos de buena voluntad pueden encontrarse en la situación de constantemente caer y confesar los mismos pecados serios una y otra vez. Por lo cual, el valor de identificar el pecado radical radica en diagnosticar y resolver la raíz del problema (o el verdadero problema), en vez de perder el tiempo enfocándose en los síntomas.

Depende de cual tradición espiritual nos atrae, hay muchas maneras de clasificar, categorizar y entender los pecados radicales. El *Catecismo de la Iglesia Católica* nos da una visión general de la definición y clasificación de pecados comenzando en el párrafo 1846. Para nuestro fines, vamos a intentar mantener esta explicación en un plano sencillo y en los términos más simples posibles. Por lo cual, vamos a proveer tres categorías básicas de pecado radical – el orgullo, la vanidad, y la sensualidad -- dadas en una exposición tradicional de 1 Juan 2:16.

Tal vez sería útil aquí una nota sobre la evaluación progresiva. Cuando comenzamos el trabajo de comprometernos seriamente a la santidad, vamos a descubrir que el campo (el alma) que queremos arar y sembrar está lleno de rocas (pecados) que se necesita sacar para progresar. En ese punto de descubrimiento, el granjero espiritual fiel comienza a eliminar las grandes rocas obvias (usualmente los pecados mortales). A cierto punto el granjero se satisface con este esfuerzo, saca el arado del cobertizo y comienza a preparar el terreno, pero se sorprende con un descubrimiento desconcertante: aunque todas las rocas grandes se han quitado, hay muchas más rocas pequeñas (pecados veniales) que nunca había visto. Las rocas grandes habían atraído toda la atención del granjero. Ahora que las rocas grandes se han eliminado, es necesario un esfuerzo adicional, más preciso y a veces más riguroso para preparar el campo más a fondo. Lo mismo es verdad con la naturaleza progresiva de la identificación y clarificación del pecado radical según crecemos en madurez espiritual.

Para ayudar con este reto, en vez de comenzar con un análisis detallado de los siete pecados capitales tradicionales o de un examen más complejo, con la asistencia del Padre Bartunek hemos provisto una lista más simple de solamente tres pecados. Confío que este acercamiento será más que suficiente para comenzar la extracción de rocas grandes. En nuestra experiencia, estas tres categorías le servirán muy bien al granjero espiritual en el desarrollo espiritual sano inicial y hasta en las etapas más maduras. Bajo la guía de buena lectura espiritual y un director, una vez que el lector determine que una evaluación más rigurosa es necesaria, entonces deberían seguir los recursos profundos recomendados en este libro y los que están en el Web para guiar sus esfuerzos de arar terreno más desafiante.

¿Cómo identifico mi pecado radical?

Aquí es donde las cosas pueden volverse más problemáticas, cuando uno está trabajando a solas. El autodiagnóstico es desafiante y muchas veces peligroso. Por ejemplo, puede haber muchas causas para el dolor del pecho. Como puedes imaginar, la determinación apropiada de la raíz del problema es crucial. Tal vez el dolor es solo un síntoma de relajamiento del músculo o acidez. Te puedes imaginar fácilmente el desastroso desenlace de alguien que está sufriendo de una posible insuficiencia cardíaca y se toma un antiácido en vez de ir a la sala de emergencia. Nadie con un mínimo deseo sano de vivir una vida larga y provechosa dejaría de tomar estos síntomas graves en serio, o de satisfacerse con un mero autodiagnóstico de sus síntomas. Las personas inteligentes que experimentan dolores de pecho intensos visitan un doctor tan rápido como pueden. ¿Por qué? Porque el doctor está entrenado para evaluar síntomas de una manera que les permite identificar la raíz del problema, la causa verdadera y así tratarlo de manera eficiente y efectiva.

De forma similar, puede ser difícil, desafiante y potencialmente peligroso tratar de diagnosticarse a sí mismo en las áreas más cruciales de nuestras vidas; el estado o condición espiritual de nuestras almas. El reto de un diagnóstico acertado es aún más difícil en nuestras vidas espirituales. ¿Por qué? Porque las enfermedades médicas no tienen agentes activos voluntarios detrás de ellas. Lo que quiero decir con esto es que muchas veces el pecado trae consigo un beneficio temporal al pecador. Al contrario, una disposición genética a la enfermedad del corazón es simplemente un defecto espontáneo o biológico del cuerpo, carente de toda intencionalidad. El pecado es una enfermedad seria que muchas veces se retro alimenta de una intención y un deseo desordenado. Peor aún, es el interés del enemigo que nuestras almas sigan engañándonos en estos hechos. En la parábola del sembrador y la semilla, Jesús revela claramente el trabajo activo que realiza el diablo para engañarnos y así evitar que nos demos cuenta de la verdad:

> "Cuando alguien oye la Palabra del Reino y no la comprende, viene el maligno y arrebata lo que había sido sembrado en su corazón." (Mateo 13:19).

Aun así según podemos hacer nuestra investigación médica y formar una idea general de lo que necesitamos, podemos progresar a solas (especialmente cuando tenemos la promesa de la guía del Espíritu Santo en Juan, capitulo 14). A veces los doctores e investigadores médicos nos dan una lista de síntomas para evaluarnos a nosotros mismos, para que un paciente pueda cotejarla y revisarla antes de visitar al doctor. En el caso de la identificación del pecado radical, hemos provisto una lista que pueden revisar y cotejar a continuación. Este esfuerzo puede, por lo menos, ayudarnos a comenzar por la dirección correcta según comenzamos o mejoramos nuestro crecimiento espiritual. Todavía vas a necesitar el comentario objetivo de tu director espiritual sobre tu evaluación. Padre Lagrange nos advierte que nos preguntemos:

> "¿Qué piensa mi director sobre esto? En su opinión, ¿cuál es mi falta predominante?" En realidad, nadie juzga bien su caso; aquí el amor propio nos engaña. Muchas veces, nuestro director ha descubierto esta falta antes que nosotros; tal vez ha tratado más de una vez de hablar con nosotros sobre ella. ¿Hemos tratado de excusarnos? Las excusas vienen rápidamente, porque la falta predominante nos exalta todas nuestras pasiones: nos ordena como un amo y ellos obedecen instantáneamente. Así es que el amor a sí mismo herido, de inmediato provoca ironía, indignación, impaciencia. Mas bien, cuando la falta predominante ha echado raíces en nosotros, la falta experimenta una repugnancia de ser desenmascarada y enfrentada, porque desea reinar en nosotros. A veces esta condición llega hasta un punto en que, cuando nuestro vecino nos acusa de esta falta, respondemos que tenemos muchos hábitos malos, pero realmente no el que se ha mencionado.[23]

Como Lagrange aconseja correctamente, es prudente aceptar las observaciones de nuestro director espiritual o un amigo de confianza. Si nuestro primer instinto es rechazar su perspectiva, es posible que con otra mirada honesta encontremos que ellos tienen razón y nuestra reacción es un mecanismo de defensa propia que hay que vencer. De todos los ejercicios en este libro, la amonestación para evaluación externa es una muy fuerte. No se puede poner demasiado énfasis en esto porque la persona humana tiene una capacidad infinita para engañarse a sí mismo.

Pecados radicales y sus manifestaciones

Lo que sigue es una lista de tres pecados radicales y algunas de sus manifestaciones más comunes provistos por Padre John Bartunek. También hemos incluido varias preguntas para animarte a comenzar a pensar en la dirección propia. Este proceso se debería tratar con mucha oración y simplicidad. Primero, así como con los ejercicios anteriores, asegúrate que estés en un lugar tranquilo (preferiblemente con Cristo en adoración). Segundo, reza y pide al Espíritu Santo que te dé percepción y sabiduría y asegúrate que estás sentado silenciosamente por unos minutos antes de que comiences. Ten cuidado de no encontrarte inmerso en la redacción de las preguntas o los ejemplos y de evitar cualquier tendencia de buscarle tres pies al gato. Si no entiendes una declaración o una pregunta, continua. También, toma precaución de evitar preocupación sobre la distinción imperfecta entre pecados radicales. El corazón humano casi nunca trabaja con las distinciones perfectas sobre el vicio y la virtud. La meta en este ejercicio es de ser aproximadamente correcto en vez de ser precisamente equivocado. Debido a nuestra humanidad caída, los tres pecados radicales están presentes en nosotros, pero uno predomina usualmente. La identificación de éste es la meta de este ejercicio. Comienza tu ejercicio con una de estas oraciones:

> *Señor, ayúdame a ver los obstáculos dentro de mí que se interponen en el camino de mi crecimiento de amor y servicio a Ti y a los demás. Ayúdame a ver las cosas que he escogido que me apartan de Tí. Ayúdame a ser honesto conmigo mismo y a ver claramente lo que Tú deseas para liberarme y luego para ayudarme a ser valiente e implacable en erradicar la oscuridad y dejar que Su luz me cure y me atraiga firmemente al camino de vida. Amen.*

> *O Santísima Trinidad, ayúdame a conocer mis actos y a mí mismo sin decepción o duplicidad. Sálvame, querido Dios, de falsedad y de pretensión, no solamente a los ojos de los otros pero también en las profundidades de mi alma. oy débil y defectuoso. Hazme crecer fuerte, santo y honesto con intención pura. Te pido con gracia saber con claridad cómo he pecado, como te he fallado a Ti y a los otros. Te ruego particularmente saber las raíces y las razones y las fuentes de mis pecados para comenzar a verme a mí mismo como soy en realidad, para admitir mis imperfecciones profundas y mi debilidad de carácter que existe bajo la superficie de mi comportamiento. ¿Qué tipo de persona soy? Ay Dios, dime, dime generosamente. Quiero escucharte con toda humildad. También ayúdame a dejar que me guíes para vivir una vida mejor y más santa. Señor, también ayúdame a estar totalmente arrepentido por todo lo malo, odioso e inmencionable de mi vida pasada. Tú y yo sabemos cuan desgraciado ese mal ha sido.*

Hazme que esté aún más arrepentido de lo que he estado antes. Ven, oh Espíritu Santo, llena mi mente de luz y mi corazón de honestidad. Madre Inmaculada de Cristo y San José honesto, por favor recen por mí y ayúdenme. Amén.

Luego, lentamente y mediante la oración revisa las preguntas iniciales (a continuación). Apunta tus reflexiones breves sobre cada uno. Después, comienza a repasar las manifestaciones del pecado radical. Si has visto cualquiera de las manifestaciones en tí mismo, márcalas durante tu primer repaso. Acaba tu primer repaso rápidamente. Marca las manifestaciones aunque parezcan escasamente sinceras. Después, cuando hayas completado tu primer repaso, para a fin de orar de nuevo. De nuevo, siéntate un rato en silencio. Reza y pídele al Espíritu Santo que te guíe e ilumine. Luego, regresa por segunda vez a las preguntas y a la lista. Esta vez, trabaja más lentamente en la lista y dibuja una estrella, o marca con un símbolo similar, los síntomas que aparecen con más frecuencia en tu vida. Deberías comenzar a notar cada vez más estrellas y marcas apareciendo en cada una de las categorías de pecado radical. Este es el lugar donde debes comenzar tu próxima batalla contra el pecado en tu vida. ¡Anímate! El Espíritu Santo, por medio de este ejercicio, está conduciéndote a una nueva fase de progreso y crecimiento.

Preguntas iniciales para evaluar el pecado radical:[24]

1. ¿Hacia qué donde se dirigen mis pensamientos naturalmente? ¿Cuáles son las preocupaciones de mi corazón? ¿Qué es lo que me mantiene despierto por la noche? ¿Adónde me llevan mis pensamientos y deseos naturalmente cuando estoy a solas o sin distracciones?

2. Generalmente, ¿qué es la causa o fuente de mi tristeza, mi ansiedad, mi frustración, mi falta de paz, mi alegría o mi placer?

3. Cuándo he pecado o desobedecido a Dios intencionalmente, cuál era el pecado o mi motivación para pecar? ¿Cuáles son

los patrones de pecados que se manifiestan regularmente en confesión? ¿Hay un pecado o un hecho que vuelvo a tocar regularmente en confesión?

4. Si y cuando he resistido o huido de Dios de cualquier manera, ¿cómo lo hice? ¿Cuál es la raíz de mi motivación? ¿Por qué lo hice? ¿Qué beneficios temporales logré con mi resistencia o mi abstención?

Pecado radical de orgullo

Orgullo: Amor excesivo a la excelencia, o a la excelencia deseada, de sí mismo. El orgullo se manifiesta cuando buscamos nuestra autoestima y seguridad en nuestras propias habilidades, características, o fortalezas.

Nunca	**A veces**	**Frecuentemente**	**Enfoque**	**Manifestaciones del pecado radical de orgullo** *Primera revisión: Hágalo rápidamente y evalúe por instinto.* *Segunda revisión: Revise los hechos cotejados en las categorías de "a veces" o "frecuentemente". Determine manifestaciones que requieren atención e identifíquelos en la columna "enfoque" con una marca de cotejo.*
				Opinión de mí mismo muy alta o concepto elevado de mí mismo
				Molestia con los que me contradicen o los que dudan de mí
				Inhabilidad para someterme a los que juzgo menos competentes o menos espirituales que yo
				Negando o resistiendo el consentimiento a otros sin una explicación satisfactoria
				Indignación si no puedo hacer lo que me place o si no me toman en cuenta
				Critico fácilmente, hablando mal de otros, chismeando sobre ellos
				Lento para reconocer o admitir mis errores o debilidades
				Lento para ver cuando he lastimado a otros e inhabilidad de buscar perdón y perdonar
				Frustración o indignación cuando otros no me dan las gracias por favores o trabajo que hago
				Negarme a servir, rebelarme contra lo que no me gusta o con lo que no estoy de acuerdo.
				Impaciencia, distancia, brusquedad en mi contacto cotidiano con los demás

Nunca	A veces	Frecuentemente	Enfoque	**Manifestaciones del pecado radical de orgullo** *Primera revisión: Hágalo rápidamente y evalúe por instinto.* *Segunda revisión: Revise los hechos cotejados en las categorías de "a veces" o "frecuentemente". Determine manifestaciones que requieren atención e identifíquelos en la columna "enfoque" con una marca de cotejo.*
				Creyendo que yo soy el único que sabe hacer las cosas
				Negándome a que otros me ayuden o aconsejen
				Idea pomposa de mi inteligencia y entendimiento
				Descartando lo que no entiendo o lo que otros ven diferente
				No siento necesidad de Dios, aunque hago oración.
				Guardar rencor, aún por cosas pequeñas
				Nunca aceptar órdenes o enojarme cuando me las dan
				Tener preferencias o perspectivas inflexibles
				Ponerme a mí y a mis cosas primero
				Indiferencia hacia otros y sus necesidades, nunca extenderme a mí mismo por los otros
				Centrar todo (conversación, elecciones, recreación, etc.) en mí mismo y mis gustos
				Calculador en mis relaciones con Dios y con los otros

Pecado radical de vanidad

Vanidad: Preocupación excesiva por sobre cómo somos percibidos por los demás (lo que otros piensan de nosotros) y buscar nuestra seguridad

Nunca	A veces	Frecuentemente	Enfoque	**Manifestaciones del pecado radical de orgullo** *Primera revisión: Hágalo rápidamente y evalúe por instinto.* *Segunda revisión: Revise los hechos cotejados en las categorías de "a veces" o "frecuentemente". Determine manifestaciones que requieren atención e identifíquelos en la columna "enfoque" con una marca de cotejo.*
				Siempre buscando admiración y elogio, preocupación por no recibirlo
				Preocupación excesiva sobre la apariencia física
				Dedicar demasiado tiempo al arreglo de sí mismo o a sus posesiones

Nunca	A veces	Frecuentemente	Enfoque	**Manifestaciones del pecado radical de orgullo** *Primera revisión: Hágalo rápidamente y evalúe por instinto.* *Segunda revisión: Revise los hechos cotejados en las categorías de "a veces" o "frecuentemente". Determine manifestaciones que requieren atención e identifíquelos en la columna "enfoque" con una marca de cotejo.*
				Esperar que "soy el mejor" y encontrar maneras de que otros lo crean
				Guiarse por las opiniones de los demás en vez de por los principios
				Algunos tipos de timidez, por miedo de no gustar o no ser aceptado por los demás
				Sacrificar los principios por poder pertenecer
				Poner demasiada importancia a la popularidad y a la aceptación
				Desalentarse fácilmente por las faltas
				Hipocresía o falsedad para ser aceptado
				Satisfacción al escuchar chismes
				Satisfacción al escuchar o hablar sobre las faltas o las desgracias de los demás
				Revelar confidencias
				Exagerar o mentir para ser admirado o para esconder faltas
				Desilusión severa cuando los otros no aprecian mis ideas o mis posesiones
				Querer siempre ser el centro de atención, exagerando o mintiendo a veces o siendo insensible con mis palabras para lograrlo

Pecado radical de sensualidad

Sensualidad: buscar nuestra seguridad y autoestima en posesiones, comodidad, o evitando la incomodidad (real o percibida).

Nunca	A veces	Frecuentemente	Enfoque	**Manifestaciones del pecado radical de orgullo** *Primera revisión: Hágalo rápidamente y evalúe por instinto.* *Segunda revisión: Revise los hechos cotejados en las categorías de "a veces" o "frecuentemente". Determine manifestaciones que requieren atención e identifíquelos en la columna "enfoque" con una marca de cotejo.*
				pereza
				Buscar siempre la comodidad, lo que requiere el mínimo de esfuerzo

Nunca	A veces	Frecuentemente	Enfoque	**Manifestaciones del pecado radical de orgullo** *Primera revisión: Hágalo rápidamente y evalúe por instinto.* *Segunda revisión: Revise los hechos cotejados en las categorías de "a veces" o "frecuentemente". Determine manifestaciones que requieren atención e identifíquelos en la columna "enfoque" con una marca de cotejo.*
				No dar el máximo por los demás
				morosidad, todo al último minuto
				Calidad baja, quejarse, afectarse excesivamente por las incomodidades pequeñas
				Inhabilidad para sacrificarse
				No hacer mi parte en el hogar
				Esperar siempre que todos me sirvan
				Comportamiento y decisiones gobernadas por mis sentimientos y mis humores en vez de mis principios
				Tener fantasías centradas en mí mismo
				Incapacidad de controlar mis sentimientos cuando me atraen, aun cuando no son buenos
				Hacer o participar sólo en lo que disfruto (comida, bebida, trabajo, etc.)
				Curiosidad descontrolada, querer ver y experimentar todo
				Sentidos e impulsos prevalecen sobre lo que sé que es bueno y lo que es malo
				Actuar de acuerdo a nuestros sentimientos (frustraciones, deseos, etc.), sin considerar a Dios o a los demás
				Trabajar solo con los que me agradan, ofendiéndome fácilmente
				Volubilidad e inconsistencia
				Inhabilidad de mantenerse en el camino sin supervisión constante
				Nunca puedo terminar lo que comienzo

El "sí" y el "no" del crecimiento espiritual verdadero

Ya que has completado este ejercicio y tienes una idea razonable de cuál es tu pecado radical, hay aún unas cuantas preguntas más que merecen mayor consideración. El identificar el pecado radical ¿es suficiente para experimentar un crecimiento espiritual verdadero? Es suficiente ¿simplemente decirle "no" a nuestros pecados radicales? Es suficiente ¿experimentar pena y luego resolver resistir nuestros pecados radicales?

Sobre el tema del arrepentimiento verdadero o falso, San Pablo dice:

"...ahora me regocijo, no porque ustedes se hayan puesto tristes, sino porque esa tristeza fue motivo de arrepentimiento. Ustedes, en efecto, han experimentado la tristeza que proviene de Dios... Esa tristeza produce un arrepentimiento que lleva a la salvación y no se debe lamentar; en cambio, la tristeza del mundo produce la muerte. Fíjense bien lo que ha producido en ustedes la tristeza que proviene de Dios. ¡Cuánta solicitud!" (2 Corintios 7:9-11).

San Pablo aquí señala dos tipos diferentes de tristeza como reacción al pecado. Uno de ellos da vida al alma; el otro conduce hacia la desesperación y la muerte espiritual (aún hasta muerte física, como en el caso del suicidio). Cuando evaluamos nuestros pecados radicales y examinamos el estado de nuestras almas ante Dios, hay dos vías que podemos seguir. La primera vía es "la tristeza del mundo" o lo que podemos llamar arrepentimiento incompleto. Lo que quiero decir aquí con la palabra "incompleto" es la idea de que no es suficiente reconocer nuestro pecado o aún experimentar remordimiento sobre ello. Necesitamos rechazarlo, abandonarlo, y escoger una nueva vía. Un arrepentimiento incompleto es uno que solo logra el reconocimiento del pecado y conducta destructiva, pero nada más.

La segunda vía de arrepentimiento es la verdadera o vía completa. En la segunda vía reconocemos nuestro pecado ante Dios y luego, a la luz de Su ilimitada misericordia y amor, experimentamos un arrepentimiento verdadero y piadoso. Este remordimiento entonces ocasiona arrepentimiento verdadero y completo que incluye, por lo menos, confesión y penitencia. En el Evangelio de Mateo, Jesús da una ilustración escalofriante de lo que se requiere para pasar de una posición de reconocimiento de pecado a una que refleje un arrepentimiento completo y verdadero:

"Cuando el espíritu impuro sale de un hombre, vaga por lugares desiertos en busca de reposo, y al no encontrarlo, piensa: 'Volveré a mi casa, de donde salí'. Cuando llega, la encuentra vacía, barrida y ordenada. Entonces va a buscar a otros siete espíritus peores que él; vienen y se instalan allí. Y al final, ese hombre se encuentra peor que al principio. Así sucederá con esta generación malvada" (Mateo 12:43-45).

Aunque este pasaje pertenece al contexto más amplio de la relación de Dios con Israel, también revela un principio espiritual que claramente tiene implicaciones personales. En este pasaje, Jesús nos deja ver más allá del velo de la carne parta adentrarnos en una realidad espiritual que constituye un tipo de tristeza que es destructiva para el alma. Él nos ayuda a ver que acercarnos sinceramente a Dios consiste en más que el solo reconocimiento y la negación del pecado y los apetitos de la carne. En realidad Él revela que un arrepentimiento incompleto es un estado espiritual muy peligroso.

Entonces, ¿cómo podemos saber que nuestro arrepentimiento es completo o incompleto? ¿Cómo podemos evitar el error de identificar y quitarnos de encima un pecado particular y entonces encontrarnos después en una posición potencialmente peor? San Juan Bautista nos da la solución en Mateo, capitulo tres. Aquí el profeta de Dios está llamando a Israel al arrepentimiento y los está bautizando para el perdón de los pecados. Cuando ve los practicantes más prominentes de fe de su día acercándose, los regaña por su arrogancia y su espectáculo de religión, y los desafía a "producir fruta como evidencia de su arrepentimiento" (verso 8). Santa Catalina de Siena en su *Dialogo* 49 refina este punto más: "No es suficiente para la vida eterna limpiar la casa barriéndola del pecado mortal. Es indispensable llenarla de virtud basada en amor."

Entonces, ¿qué es el arrepentimiento completo? ¿Cuál es la tristeza que proviene de Dios que conduce a la vida, salvación, paz y crecimiento espiritual? ¿Qué es lo que tenemos que hacer (por la gracia de Dios) para evitar el arrepentimiento incompleto que Cristo revela nos deja en un estado vulnerable a un pecado peor?

El verdadero arrepentimiento tiene tres partes: uno, el reconocimiento del pecado y la tristeza sobre ello; dos, el volver la espalda al pecado (si estamos en camino fijo, las primeras dos etapas nos con conducen al sacramento de confesión); y tres, el llevar a cabo obras buenas, lo cual constituyen a la vez un reflejo y una consecuencia necesaria de nuestro arrepentimiento que se da por haber dado la espalda al pecado particular. En este punto vale la pena hacer notar lo siguiente: la tercera etapa del arrepentimiento incluye cualquier penitencia que sale de la confesión, pero que también se extiende más completamente en nuestras vidas cuando caminamos en gracia "y producimos frutos como evidencia de nuestro arrepentimiento." ¡En realidad, la gracia que recibimos en el sacramento de la penitencia muchas veces es lo que más necesitamos para batallar el pecado y vivir la virtud!

Entonces, al identificar nuestro pecado radical en el ejercicio anterior, hemos hecho el trabajo preparativo para una vuelta real y sustantiva hacia Dios en nuestro arrepentimiento. En la próxima sección vamos a delinear una estrategia práctica sobre como ejercer un arrepentimiento completo y evitar el escenario peligroso que Jesús describió antes. Cuando exploras estas ideas, es crucial notar que sin Cristo no podemos vernos claramente o encontrar el camino a la vida eterna. Las noticias buenas son que la llamada a la santidad no es un orden que podemos realizar a solas como un acto de la voluntad; la orden también viene con una promesa de misericordia y de ayuda.

En su carta a los Efesios, San Pablo, inspirado por el Espíritu Santo, escribe estas palabras de consuelo que no solo nos señalan la gracia de Dios pero también señalan el hecho de que Él ya ha preparado el camino de santidad anteriormente:

> "*Pero Dios, que es rico en misericordia, por el gran amor con que nos amó, precisamente cuando estábamos muertos a causa de nuestros pecados, nos hizo revivir con Cristo –¡ustedes han sido salvados gratuitamente!–y con Cristo Jesús nos resucitó y nos hizo reinar con El en el cielo. Así, Dios ha querido demostrar a los tiempos futuros la*

inmensa riqueza de su gracia por el amor que nos tiene en Cristo Jesús. Porque ustedes han sido salvados por su gracia, mediante la fe. Esto no proviene de ustedes, sino que es un don de Dios; y no es el resultado de las obras, para que nadie se glorifique. Nosotros somos creación suya: fuimos creados en Cristo Jesús, a fin de realizar aquellas buenas obras que Dios preparó de antemano para que las practicáramos" (Efesios 2:4-10).

Más allá del pecado a la virtud y a la santidad

Tienes que dejar tu vida vieja, tienes que dejar de lado tu viejo yo, que se pudre y se descompone, que se corrompe siguiendo deseos ilusorios. Tu mente tiene que ser renovada por una revolución espiritual para que te puedas poner el nuevo ser que se ha creado en el camino de Dios, en la bondad y santidad de la verdad (vea Efesios 4:22-24). El Nuevo Testamento está repleto de ejemplos de este mismo tipo de exhortación. El modelo básico se puede simplificar de esta manera: Aléjate *del* pecado (cualquier pecado que sea), y dirígete *a* la virtud (cualquier virtud que sea).

Este es el esquema preciso que estamos proponiendo aquí. Ya has identificado tu pecado radical; ahora es tiempo de identificar la virtud opuesta. Si identificamos consciente, clara y específicamente la virtud opuesta, el *camino angosto* de arrepentimiento *completo* se vuelve obvio y práctico. Esta vía estrecha es el mismo camino a que Jesús aludió cuando dijo:

"Entren por la puerta estrecha, porque es ancha la puerta y espacioso el camino que lleva a la perdición, y son muchos los que van por allí" (Mateo 7:13).

Si esto todavía parece algo impreciso, el diagrama siguiente y la descripción del proceso tal vez te puede ayudar.

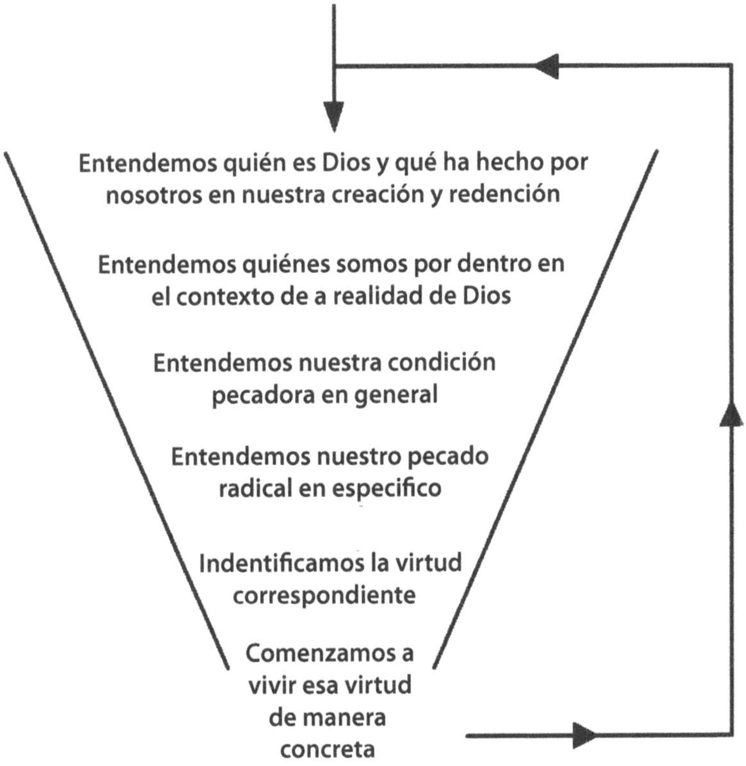

Primero, cuando seguimos a Dios y a la Iglesia, los sacramentos, la oración, las Escrituras, el estudio y la lectura espiritual comenzamos a entenderlo mejor. Descubrimos cuanto nos ama y descubrimos lo que Él ha hecho específicamente para nosotros como individuos. Encontramos ayuda en el contexto de nuestras necesidades y luchas cotidianas. Entonces, este conocimiento nos dirige naturalmente a un cambio de nuestro entendimiento de quien somos. Nuestra identidad luego comienza, por lo menos en nuestro conocimiento, a tomar forma entre el contexto de quien es Dios y como está trabajando, amando, viviendo y respirando dentro de nosotros. Digo "en nuestro conocimiento" no porque esta es una realidad que fabricamos pero porque es una realidad que comenzamos a ver y entender de una manera tangible y personal. Mientras profundizamos más en esta relación, por obra del Espíritu

Santo, comenzamos a ver cómo es que estamos teniendo éxito y luchando en nuestros esfuerzos de profundizar esa relación. Entendemos lo que Le complace. Entendemos esas cosas dentro de nosotros que estorban o dañan nuestra amistad e intimidad con Él.

En cierto punto, los que están trabajando diligentemente en sus vidas espirituales comienzan a ver patrones de pecado y patrones de virtud. Ellos comienzan a reconocer qué es lo que Dios les está pidiendo (muchas veces, esto pasa cuando el peregrino fiel busca la dirección espiritual) y ¡se alegran en lo que Dios está haciendo en ellos y por medio de ellos!

Así es que, como se ha ilustrado anteriormente, identificamos nuestro pecado radical y luego identificamos la virtud correspondiente que deseamos cultivar y usar para echar nuestro pecado radical fuera de nuestras vidas. Entonces, trabajamos para concretar nuestra búsqueda de la virtud semana tras semana, diariamente y hora tras hora. Finalmente, comenzamos el proceso otra vez, hasta que Lo veamos cara a cara y oigamos, "¡Está bien, buen servidor!" (Lucas 19:17).

Para unir nuestra discusión otra vez con la referencia de Jesús sobre el camino estrecho, este diagrama, este proceso, este ritmo de vida *es* el camino estrecho. Aún más específico, el camino de la virtud y la práctica de la virtud en el contexto de la gracia y una relación dinámica con Cristo es el camino estrecho que nos dirige a la vida, la alegría y la paz en Cristo. En el evangelio de San Juan Jesús dijo, "El ladrón no viene sino para robar, matar y destruir. Pero yo he venido para que las ovejas tengan vida, y la tengan en abundancia" (Juan 10:10). ¡Vivir una vida de virtud y gracia con y en Cristo es una vida de abundancia y es una vida repleta de dones de gracia que solo el peregrino diligente puede conocer!

Identificando la virtud correspondiente

Básicamente, estamos buscando vivir una vida *positiva* de virtud, la vida repleta con dones de gracia que solo el peregrino diligente puede conocer; *no* una vida enfocada en nuestros pecados o nuestros fracasos.

Aunque muchas veces los principiantes en la vida espiritual tendrán que estar enfocados en la eliminación del pecado habitual, el proceso entero debería ser un camino positivo, activo, y viviente, no uno negativo. Dicho de otra manera, enfrentar y vencer el pecado es similar al llegar a una bifurcación en el camino de nuestras vidas espirituales. Estamos enfrentados con una elección sobre un pecado particular y escogemos quedarnos en el camino estrecho o tomamos el camino de destrucción, alejándonos de Dios. Suponiendo que el curso que escogemos es hacia Dios, una vez que hemos identificado y confesado nuestros pecados, esa bifurcación del camino está detrás de nosotros mientras seguimos a Dios y a la santidad del camino estrecho de la virtud. Vivimos una orientación de vida que de inmediato reconoce que un pecado o imperfección particular está detrás de nosotros y que Dios está con y en frente de nosotros. La advertencia de Jesús en Lucas 9:62 es oportuno:

> *"El que ha puesto la mano en el arado y mira hacia atrás, no sirve para el Reino de Dios."*

San Pablo se hizo eco de esta misma idea cuando dijo en su carta a los filipenses (3:13b-14):

> *"Olvidándome del camino recorrido, me lanzo hacia adelante y corro en dirección a la meta, para alcanzar el premio del llamado celestial que Dios me ha hecho en Cristo Jesús."*

Entonces, es crucial enfocar la mayoría de nuestra energía en acelerar la búsqueda de la virtud, y no en los pecados, las inclinaciones inmorales o los apegos del presente o del pasado. Nuestro pecado es y proveerá las luminarias en nuestro camino que nos ayudaran a identificar las batallas que debemos pelear en el camino angosto hacia Dios. Sin embargo aquello no debería constituir el verdadero enfoque de nuestras energías.

Por ejemplo, una dirigida hipotética cuenta que ella lucha con una manifestación de vanidad especifica. A ella le fascinaban y gustaban tanto los trofeos, los premios, y los elogios relacionados con sus éxitos que siempre buscaba atraer más y mayor atención a sus éxitos. En este caso su director le ayudó a identificar que el camino propio a la virtud era el de concentrarse en ayudar a que los demás fueran exitosos, evitar cualquier esfuerzo de llevarse el crédito y asegurarse de que ella le diera elogios apropiados a otros durante este proceso. Ella también determinó que debía resolver problemas y servir a otros secretamente, y en vez de hacerles notar a sus amigas a cual organización ella había dado un donativo, debía hacer donativos y contribuciones anónimas y discretas.

Entonces, vamos a explicar la manera como ella y su director, con su plan específico, tratarán este impedimento a su crecimiento espiritual:

Pecado radical: vanidad

Manifestación: Cuando hago cualquier cosa buena, siempre busco elogios. A veces, fallo en reconocer las contribuciones de otras personas en mi trabajo. A veces, hasta he exagerado la verdad sobre mis éxitos verdaderos.

Virtudes opuestas: modestia y humildad

Plan de acción hacia Dios

- Voy a meditar y memorizar un pasaje de Escritura sobre la humildad de Cristo como se ha expresado en filipenses, capítulo 2.
- Voy a rezar la oración de humildad diariamente por la mañana por lo menos por los próximos treinta días.
- Voy a examinar mi conciencia al final de cada día y apuntar mis fracasos y mis éxitos en seguir el plan. Le daría gracias y alabanzas a Él por mis éxitos y le pediría perdón por mis fracasos.
- Voy a revisar mis notas diarias con mi director espiritual al final de cada semana.

Viviendo la virtud cada día

Iré a confesarme si me desvío demasiado de este camino.

Plan de acción hacia los demás

- Voy a hacer, por lo menos, una obra caritativa cada día y, de manera específica, no se lo voy a contar a nadie por ninguna razón. No voy a dar ni una indicación de lo bueno que he hecho.
- Si mis buenas obras son notadas, diré, "Solo por Su gracia" y a propósito cambiaré el tema dando crédito a los éxitos buenos de otra persona.

Unas observaciones son necesarias aquí. Primero, necesitamos ser tan específicos como podamos ser con nuestro compromiso de seguir la virtud y evitar el pecado. Sin esta especificación, es muy difícil determinar si hemos sido exitosos o no al final de cada día. Hasta el punto en que somos específicos, seremos responsables; hasta el punto en que somos responsables, seremos humildes y dependientes; hasta el punto en que somos humildes y dependientes, recibiremos la gracia que necesitamos para vencer el pecado y ejercitar la virtud. Segundo, no hay moldes de métodos para esta limpieza del alma. Nuestras almas son más únicas y diferentes uno al otro que lo son nuestras caras. Cada batalla, aunque parecida a las que fueron experimentadas por otros, es única a nosotros como individuos. Cada persona necesita un esquema personalizado a su situación bajo la dirección del Espíritu Santo y un director espiritual santo.

Viviendo la virtud cada día

Como hemos observado, uno de los secretos para tener éxito en esta área es ser tan preciso como sea posible. Si estás luchando con esto, hazte unas preguntas esenciales, comenzando con:

Si explicara mi pecado radical a alguien que no me conoce bien, ¿cómo lo haría?

Ahora, después que has pensado en esto por un momento, apunta tus explicaciones en el contexto de las categorías siguientes:

¿Cuál es mi pecado radical? ¿Cómo se manifiesta específicamente en mi vida cotidiana?

- *¿Hacia Dios?*
- *¿Hacia mí mismo?*
- *¿Hacia otra gente?*

Luego, haz lo mismo para la virtud correspondiente:

Si explicara mi deseo de vivir una virtud particular de una manera específica, ¿Cómo lo haría?

Ahora, después de que has pensado en esto por un minuto, apunta tu explicación:

¿Cuál es la virtud que quiero vivir por el resto de mi vida? ¿Cómo se manifestaría específicamente en mi vida? Cuándo mi día ha terminado, ¿cómo voy a saber si he vivido esta virtud de manera específica y tangible? Al final del día, ¿cuáles preguntas puedo hacerme para determinar si he vivido mi compromiso?

- *¿Hacia Dios?*
- *¿Hacia mí mismo?*
- *¿Hacia otra gente?*

Las respuestas a estas preguntas servirán ahora como un examen de conciencia que puedes usar, de modo regular, para evaluar tu progreso y revisar los resultados con Dios y con tu director espiritual.

Obviamente, hay miles de combinaciones de manifestaciones de pecado y sus virtudes correspondientes. Estos solo han sido unos ejemplos. Si te atascas, la mejor manera de percibir el pecado y la virtud creativamente es por medio de la parte tres del *Catecismo de la Iglesia Católica* titulada "La Vida en Cristo," y en particular, artículos siete y ocho.

NAVEGANDO EL CAMINO ESTRECHO

Lo bueno de un camino estrecho es que la estrechez produce claridad sobre la dirección en la que debemos encaminarnos. Creo que esto es una de las razones que Jesús dijo, "Mi yugo es suave y mi carga liviana" (Mateo 11:30). La vida espiritual es verdaderamente una de simplicidad y facilidad después de pasar más allá de las primeras etapas de crecimiento (que exploraremos en un momento). Cuando nos enfrentamos a cierto nivel de complejidad en las decisiones que adoptamos, debemos ser cautelosos. Muchas veces la dificultad está relacionada con una devoción profana a aspectos particulares de nuestra decisión o algún otro factor relacionado a nuestra concupiscencia. Cuando caminamos simplemente y con determinación con nuestro Dios, el camino ante nosotros es simple, liviano, y marcado con una paz predominante. Sí, Jesús dijo que el camino a Él es uno de abnegación y de cargar la cruz, pero tenemos que recordar que la mayoría de la dificultad viene de nuestro propio pecado y la necesidad de purificación, no porque Dios ha impuesto arbitrariamente alguna dificultad o imposición sobre nosotros.

Mientras navegamos sobre este camino, hay varias señales útiles que nos pueden ayudar a determinar si estamos en el sendero correcto. Hasta ahora, la gran parte de este libro ha estado enfocado en ayudarte a desarrollar un conocimiento más preciso de ti mismo, un elemento esencial de cualquier peregrinaje espiritual. A pesar de eso, recuerda que estar consiente de Dios es nuestro objetivo final. El conocimiento de sí mismo, en la luz de Dios, es solo el comienzo de cualquier crecimiento significativo en nuestra relación con Dios. Estos primeros pasos, o etapas, establecen la base para el resto de nuestra jornada. Nunca podemos esperar planear un curso preciso a nuestra meta si no sabemos dónde estamos al comienzo.

El otro valor del conocimiento de sí mismo es que nos provee un tipo de alarma interna, o sistema de posicionamiento global (GPS), para advertirnos si nos hemos apartado del camino. Si sabemos quién es Dios, y donde está, o cuál es Su voluntad, y sabemos quiénes somos y donde estamos en el proceso de crecimiento espiritual, podemos saber más fácilmente cuando nos hemos desviado y podemos regresar al camino más rápidamente. Como sucede con todas las etapas de nuestro peregrinaje espiritual, las tradiciones de la Iglesia nos proveen señales y conocimientos valiosos para mantenernos en la vía correcta. Mientras comenzamos a ponerle fin a este libro, vamos a considerar un entendimiento de la vida espiritual que la Iglesia ha desarrollado a través de 2000 años: los tres caminos.

LOS TRES CAMINOS DE LA VIDA ESPIRITUAL

El desarrollo progresivo de etapas múltiples de la vida espiritual se puede ver en muchas de las enseñanzas de los Doctores de la Iglesia. Son particularmente evidentes en Santa Teresa de Ávila, San Juan de la Cruz, San Bernardo de Clairvaux, Santo Tomás de Aquino, y Santa Catalina de Siena. Santo Tomás de Aquino provee un resumen simple y profundo de la división de las tres etapas y el énfasis del peregrino en cada una:

> El primer deber que es imperativo para el hombre es el de dejar el pecado y resistir la concupiscencia, que son opuestos a la caridad; esto pertenece a los principiantes, en cuyos corazones la caridad tiene que ser guardada, alimentada y apreciada por temor de que sea pervertida. El segundo deber del hombre es el de aplicar sus energías principalmente para avanzar en virtud; esto pertenece a los que están progresando y a los que se están preocupando principalmente para que la caridad en ellos aumente y se fortalezca. El tercer esfuerzo y búsqueda del hombre debería ser el de descansar en Dios y disfrutarlo; esto pertenece a los perfectos que desean ser disueltos y permanecer en Cristo.[25]

Aunque estos y otros santos no usaban los mismos términos que usamos normalmente para describir estas fases hoy día, ellos enseñaron claramente usando analogías que reflejan fases de madurez experimentados comúnmente por los cristianos serios mientras van progresando hacia Dios. Estas fases se clasifican principalmente como "purgativa," "iluminativa," y "unitiva" -- palabras que se enfocan en lo que pasa en cada etapa. Sin embargo, debido a su escasa utilización, frecuentemente utilizamos otro tipo de términos que identifican y delinean la madurez de la persona en cada fase: "infancia," "adolescencia," "adultez" (usaremos estos términos de manera intercambiable):

Fase 1: Camino Purgativo (Infancia)

Fase 2: Camino Iluminativo (Adolescencia)

Fase 3: Camino Unitivo (Adultez)

Retos comunes a lo largo de los caminos

Antes de revisar la definición y las características de cada una de estas fases, debemos ver ciertos retos comunes que surgen cuando tratamos de identificar una fase de nuestro crecimiento espiritual.

El primer error es caer en la escrupulosidad. No es sano obsesionarnos sobre nuestra posición precisa en nuestro peregrinaje espiritual. Dios es el único que sabe precisamente donde estamos en cada punto y, como dijo San Pablo, en esta vida solamente "vemos a través de un espejo de manera oscura" (1 corintios 13:12). A veces necesitamos entornar los ojos un poco y hacer lo mejor que podamos. Para esto el Espíritu Santo, en su gentileza, ha dado percepciones únicas para estas fases por medio de las obras de varios santos durante los siglos. Aún así, debemos ser cautelosos cuando buscamos sabiduría para no ser tentados al desbalance por nuestras afecciones desordenadas, por curiosidad obsesionada consigo mismo o por el enemigo de nuestras almas.

Un santo a quien Dios reveló muchas verdades de la vida espiritual es San Juan Clímaco. Representó e ilustro el progreso de la vida espiritual usando la analogía de subir treinta escalones de una escalera. En sus obras, cada escalón requiere un acercamiento particular para cooperar con Dios en nuestra maduración espiritual. Como te puedes imaginar, esta clase de perspicacia puede ser muy beneficiosa, y lo ha sido por muchos siglos. Por otro lado, el padre Eugene Boylan, en su maravillosa obra, *Dificultades en la Oración Mental*, dice esto sobre el reto común de la obsesión de enfocarse demasiado en la constante identificación y constatación de la etapa en que uno se encuentra:

> *Como una regla general, de ninguna manera es necesario saber en cual escalón uno está parado. Lo importante es evitar quedarse parado y seguir ascendiendo.*[26]

El objetivo del padre Boylan es muy sagaz, y obviamente se deriva de una gran cantidad de reflexión y experiencia en la dirección de almas a Cristo. Como lo ha señalado correctamente, y de ninguna manera contradice la sabiduría de San Juan, el beneficio principal en pensar bien la idea de estas fases es asegurar que nuestro curso es el correcto y que nuestro impulso es constante. Estos dos factores son mucho más centrales que identificar perfectamente la localización especifica entre los tres caminos.

Este primer error, la obsesión con una posición bien definida en la madurez espiritual, es la madre de un segundo error común: asumir que el progreso entre estas fases es perfectamente lineal. En realidad, aunque los Doctores espirituales de la Iglesia están de acuerdo en que hay etapas de madurez en la vida espiritual que se pueden identificar, también están de acuerdo que pasar a través de estas etapas es un asunto difícil, al nivel práctico de la vida cotidiana. Si nuestro ascenso fuera un proceso mecánico, paso a paso, lineal y perfectamente ordenado ¡eso sería un sueño! Desafortunadamente, debido a nuestra tendencia de desviarnos y las complejidades de nuestra naturaleza caída, constantemente nos equivocamos, nos salimos del camino, nos distraemos y luego luchamos por regresar a la vía. Pero viéndolo desde un ángulo más positivo, el ascenso que no es lineal también puede ser el resultado de nuestro diseño único y ¡el amor inquieto del Espíritu Santo dentro de nosotros! Santa Teresa de Ávila, Santa Catalina de Siena y otros maestros espirituales han notado varios otros factores que pueden confundir nuestra habilidad de identificar propiamente el estado de "Usted se encuentra aquí" en nuestras vidas espirituales:

- En Su gracia y sabiduría, Dios puede elegir elevar a alguien a un paso imprevisto y extraordinario. Esta realidad puede tomar por sorpresa al director espiritual y al dirigido. Ambos necesitan vigilar que no estorben el trabajo del Espíritu Santo cuando el crecimiento especial o sobrenatural ocurre.
- En las etapas tempranas del desarrollo espiritual, es común que Dios nos anime por medio de favores que pueden durar solo un poco de tiempo. Estos consuelos a veces pueden ser malinterpretados como señales que estamos más avanzados en la vida espiritual de lo que actualmente estamos. Cualquier experiencia mística siempre debe ser escudriñada por un director espiritual. Este proceso protege al peregrino de intentos comunes del enemigo para engañar al dirigido y de la auto decepción que fácilmente pueden llevarlo por el mal camino.
- El peregrino puede experimentar características comunes o aisladas que reflejan participación en varias fases a la vez. Esto puede ser particularmente difícil y confuso para el dirigido. Sin embargo, cualquier director espiritual sólido debe tener la habilidad de ayudar al dirigido a entender dónde está en la jornada, aun cuando las cosas posiblemente están nublados para el dirigido.
- Frecuentemente, el enemigo de nuestras almas puede tratar de distraernos por medio de experiencias religiosas que simulan lo verdadero, o tentándonos a concentrarnos en una experiencia legítima. Esto es una trampa común y peligrosa que muchas veces conduce las personas al orgullo espiritual. He tenido la oportunidad de implicarme con ciertos números

> de "místicos" que fueron bien intencionados pero que estaban obsesionados con sus experiencias y no recibían dirección para desviar su atención desde esas experiencias al servicio de Dios y el prójimo. El rechazo a echas a un lado su experiencia es una señal clara de que algo le falta.

Un tercer error es pensar que este progreso deja algo atrás, como si fuera una jornada sobre un camino de montaña espiritual. Este problema puede aparecer con el uso de cualquier tema como "fase." Por ejemplo, mientras entramos en la fase purgativa (infancia), comenzamos las prácticas más básicas de oración vocal y purificación absoluta del pecado habitual en nuestras vidas. A pesar de cuanto hayamos progresado espiritualmente, nunca debemos dejar estas costumbres. Nunca maduraremos más allá de los beneficios de la oración vocal o la confesión regular. Aunque la jornada espiritual puede compararse a una aventura montañosa, cuando subimos una montaña dejamos el terreno atrás, pero no nuestro equipo, y todavía necesitamos apoyo para el camino siguiente que encontramos más arriba de nosotros (¡y eso viene del terreno que ya cubrimos y dejamos detrás!).

Entonces, desde un punto de vista de representación visual, las fases tal vez serán mejor consideradas como cimientos para cada uno, de la misma manera que la construcción de un edificio con varios pisos. Cuando pasamos del primer piso al segundo, necesitamos que toda esa estructura del primer piso se queda intacto. Cuando realizamos los beneficios del segundo piso, lo hacemos solo porque las gracias, virtudes o prácticas espirituales del primer piso permanecen estables, presentes, y aumentando en fortaleza. Sin embargo, la analogía del edificio solo sirve para ilustrar que los elementos fundamentales nunca pierden su importancia. A pesar de eso, así como con la analogía de la escalera, si llevamos estos conceptos demasiado lejos y vemos las etapas como pisos distintos en un edificio en que estamos en un piso u otro, pero nunca en los dos a la vez, entonces la visualización puede ser confusa.

Un cuarto reto se trata de nuestra vacilación entre las fases. Este problema se ve más claro cuando reflexionamos sobre los elementos comparables de la jornada espiritual que recibimos progresivamente durante las etapas de la infancia, la adolescencia y el adulto. ¿En qué punto dejamos lo que éramos como adolescentes y nos convertimos en adultos? ¿Alguna vez dejamos todo lo que éramos? En retrospectiva, aunque hay una diferencia clara entre las etapas, es muy difícil identificar un punto de distinción exacta cuando estamos en las fases intermedias de desarrollo. De hecho, cuando pasamos de la adolescencia al adulto, durante la transición, pensamos y actuamos de maneras que son reflejos de las dos etapas. Así es que, como un muchacho de diecinueve años, podemos cometer los mismos errores que el que aún no ha cumplido los veinte años y tomar las buenas decisiones de un adulto responsable y maduro. Ambas acciones pueden ocurrir al mismo tiempo en la misma persona.

Para aplicar estas ideas y límites de manera provechosa y práctica, es mejor estar *aproximadamente correcto* que *precisamente equivocado.* Así como con la identificación del pecado radical, estamos buscando los patrones más predominantes de nuestro progreso o regresión en la vida interior y la vida de virtud. Como Padre Boylan reveló, es mucho más efectivo entender la dirección general de nuestra jornada que obsesionarnos con cada kilómetro en el camino.

Finalmente, tal vez una analogía más nos sea útil. Considera tu propia experiencia educativa. Cuando estabas en el primer grado, sabías muy poco. Pero la educación en ese año constituía la base para el segundo año y así sucesivamente, de forma que uno adquiere el conocimiento de forma cumulativa. Algunos de nosotros aprendimos el abecedario en el primer grado. Luego, cuando llegamos al último año de escuela secundaria, o preparatoria, todavía seguíamos usando el mismo abecedario que aprendimos en el primer grado (solo que a un nivel más sofisticado y con mayor madurez). Otra manera de ver esto es pasar un tiempo revisando toda nuestra educación del primer grado hasta el presente. De esta manera observamos que, literalmente, hemos aprendido millones de lecciones desde ese tiempo hasta ahora. Aprendimos historia, lenguaje, geografía, matemáticas, escritura, oratoria, deportes y ciencia. Viajamos por este camino de enseñanza de una manera que compartía una estrategia común (niveles de grados), pero que era única para nuestro ritmo, estilo, imaginación emociones, etc. de aprendizaje. Así es que, aunque el camino general de educación era uno que compartimos con muchos otros estudiantes, de igual manera, nuestra jornada o peregrinaje espiritual específico tenían un millón de sutilezas únicas a nosotros, así como semejanzas compartidas solo con los que escogieron la misma carrera o vocación que nosotros.

A pesar de cuándo y qué aprendimos en la vida espiritual, (1) nunca veas las prácticas básicas o fundamentales como algo sin importancia (por ejemplo, la oración vocal y la confesión regular); y (2) lucha incesantemente para desarrollar una relación de amor más profunda y más íntima con Dios y con los demás.

La puerta hacia la vida interior

Antes de llegar a las descripciones resumidas de cada fase del progreso espiritual, deberíamos contestar una pregunta importante: ¿Hay algo, alguna acción, alguna disposición, u otro estado que nos dice que en realidad hemos entrado en los caminos, o lo que se llama la vida interior de Dios? Santa Teresa de Ávila nos da una respuesta en su gran obra *Castillo Interior*. Aquí Teresa describe el alma como un Castillo con siete cuartos principales, cada uno de ellos reflejando diferentes niveles o manifestaciones de oración, virtud y participación en los sacramentos en el camino a la unión con Dios.

> [S]e me ofreció lo que ahora diré, para comenzar con algún fundamento: que es considerar nuestra alma como un castillo todo de un diamante o muy claro cristal, adonde hay muchos aposentos, así como en el cielo hay muchas moradas.
>
> Que si bien lo consideramos, hermanas, no es otra cosa el alma del justo sino un paraíso adonde dice Él tiene sus deleites.

Pues ¿qué tal os parece que será el aposento adonde un Rey tan poderoso, tan sabio, tan limpio, tan lleno de todos los bienes se deleita? No hallo yo cosa con que comparar la gran hermosura de un alma y la gran capacidad; y verdaderamente apenas deben llegar nuestros entendimientos, por agudos que fuesen, a comprenderla, así como no pueden llegara considerar a Dios, pues Él mismo dice que nos crió a su imagen y semejanza. Pues si esto es, como lo es, no hay para qué nos cansar en querer comprender la hermosura de este castillo; porque puesto que hay la diferencia de el a Dios que del Criador a la criatura, pues es criatura, basta decir Su Majestad que es hecha a su imagen para que apenas podamos entender la gran dignidad y hermosura del ánima.

No es pequeña lástima y confusión que, por nuestra culpa, no entendamos a nosotros mismos ni sepamos quién somos. ¿No sería gran ignorancia, hijas mías, que preguntasen a uno quién es, y no se conociese ni supiese quién fue su padre ni su madre ni de qué tierra? Pues si esto sería gran bestialidad, sin comparación es mayor la que hay en nosotras cuando no procuramos saber qué cosa somos, sino que nos detenemos en estos cuerpos, y así a bulto, porque lo hemos oído y porque nos lo dice la fe, sabemos que tenemos almas. Mas qué bienes puede haber en esta alma o quién está dentro en esta alma o el gran valor de ella, pocas veces lo consideramos; y así se tiene en tan poco procurar con todo cuidado conserva su hermosura: todo se nos va en la grosería del engaste o cerca de este castillo, que son estos cuerpos.

Pues consideremos que este castillo tiene como he dicho muchas moradas, unas en lo alto, otras embajo, otras a los lados; y en el centro y mitad de todas estas tiene la más principal, que es adonde pasan las cosas de mucho secreto entre Dios y el alma. Es menester que vayáis advertidas a esta comparación. Quizá será Dios servido pueda por ella daros algo a entender de las mercedes que es Dios servido hacer a las almas y las diferencias que hay en ellas, hasta donde yo hubiere entendido que es posible; que todas será imposible entenderlas nadie, según son muchas, cuánto más quien es tan ruin como yo; porque os será gran consuelo, cuando el Señor os las hiciere, saber que es posible; y a quien no, para alabar su gran bondad; que así como no nos hace daño considerar las cosas que hay en el cielo y lo que gozan los bienaventurados, antes nos alegramos y procuramos alcanzar lo que ellos gozan, tampoco nos hará ver que es posible en este destierro comunicarse un tan gran Dios con unos gusanos tan llenos de mal olor; y amar una bondad tan buena y una misericordia tan sin tasa.[27]

Poco después, Teresa llega a contestar nuestra pregunta sobre la entrada a este bello castillo. "Porque, a cuanto yo puedo entender, la puerta para entrar en este castillo es la oración y consideración."[28]

Entonces, aquí tenemos los dos elementos básicos que son necesarios para la entrada al castillo:

1. **Oración.** El *Catecismo de la Iglesia Católica* (2559) revela que la esencia de la oración es "la elevación del alma a Dios." Como sospecharás, por tan solo suspirar "Ay Dios" al escapar de un accidente en la carretera, no necesariamente refleja una entrada clara al castillo. ¡No! Santa Teresa está hablando de una puerta que *entramos*, no una en que nos fijamos o nos asomamos. La entrada por esta puerta es un acto de compromiso para entrar en una relación activa con Cristo. Aunque tal vez no entendemos al entrar todo lo que esto requiere, una cosa es cierta: entrar por esta puerta es un compromiso de seguir a Dios de una manera que tal vez jamás habíamos expresado en nuestras vidas, un camino que refleja esfuerzo sustancial y constante, y persistencia a través de vicisitudes y retrasos inevitables.

2. **Reflexión.** La reflexión de que hablamos aquí es un componente de muchos de los temas que nosotros cubrimos en secciones anteriores de este libro y en realidad es el objetivo detrás de todos los ejercicios de auto evaluación. La reflexión es la práctica de tratar, de manera atenta e intencionada, de entendernos con respecto a la gloria de Dios dentro de

> nosotros y con respecto a los resultados de la caída y el pecado en nuestro camino actual hacia Dios. La meta de reflexión sana siempre es conciencia de sí mismo, humildad aumentada y gratitud más profundizada por el gran trabajo de salvación que Dios ha hecho y continúa haciendo en nosotros. Si los resultados de nuestra reflexión son menos que esto, entonces solo estamos ejercitando una vista superficial y narcisista en vez de una evaluación profunda hacia Dios. Una evaluación hacia Dios siempre nos dirige hacia una unión con Dios más profunda.

Entrar por la puerta de este castillo, comenzando la jornada de la vida interior, es entrar en el primer camino, el camino purgativo, el camino de infancia espiritual.

Infancia espiritual

Un peligro aquí es considerar la infancia espiritual como algo negativo. Jesús dijo que para buscar el reino de Dios, tenemos que "nacer de nuevo" (Juan 3:3-5) y "si no cambian y se hacen como niños, no entrarán en el Reino de los Cielos" (Mateo 18:3). Esta infancia espiritual es esencialmente un renacimiento en la vida de Dios y de la gracia. Reconocer que somos niños espirituales nos pone en el lugar correcto dentro del espectro de gracia divina correspondiente y nos ayuda a comenzar a entender qué quiere decir desear en nosotros el amor sencillo de un niño mientras crecemos en amor y servicio a Dios.

La infancia espiritual, o el camino purgativo, presupone, por medio del bautismo, un nacimiento en la vida de Cristo. Comúnmente, desde nuestro bautismo hasta la puerta del castillo interior, hay un estado que puede reflejar una escasez de preocupación por las cosas que pertenecen a la espiritualidad, a la fe, a Dios, a la virtud y auto entrega. Este estado está marcado por pecados habituales mortales y veniales, el egocentrismo, o una apatía en general por las cosas de significado eterno. Hay muchas razones por las cuales las personas se convierten en peregrinos en el recorrido hacia las profundidades del amor de Dios. Considerando tu interés por la dirección espiritual, es muy probable que, por lo menos, tú has pasado del nacimiento espiritual a la infancia espiritual.

Falta una consideración preparatoria. En una sección anterior revisamos la idea del arrepentimiento completo. El observador astuto, al explorar estas fases, va a reconocer que el proceso general de pasar desde el pecado a Dios, junto con el crecimiento en oración, es el proceso que trae a una persona a la infancia espiritual y de paso al comienzo y las fases subsecuentes del crecimiento espiritual. En realidad, esta discusión es nada más que otra manera de entender el camino angosto de la vida abundante al que Cristo nos llama cuando dice, por medio de San Pedro, "Serán santos, porque yo soy santo" (1 Pedro 1:16).

Para entender mejor cada una de las secciones y ayudar al lector a diagnosticar su estado actual, hemos adaptado y modernizado la sabiduría de una obra útil titulada *El alma de todo apostolado* por Jean-Baptiste Chautard. En cada sección vamos a darte una breve definición de las tres fases de la vida espiritual y luego seguirlas con la sub categorización de Chautard y las características relacionadas y encontradas normalmente en cada uno.[29]

Seguidamente, proponemos una ilustración que gráfica y visualmente ilustra como los tres caminos y las sub categorías de Chautard se interrelacionan y la dinámica entre dichos caminos. Los tres caminos -- purgativo, iluminativo, y unitivo -- están representados a la izquierda del ciclo de crecimiento. Las siete sub categorías, y cómo están relacionadas a los tres caminos, caen dentro del ciclo de vida al lado derecho. Tú vas a notar que las sub categorías pre-purgativas de "Endurecido en el pecado" y "Cristianismo Superficial" no aparecen en esta ilustración por razones citadas en nuestra próxima exploración de la infancia pre-espiritual.

Los lectores que nunca han tenido la oportunidad de estudiar teología mística o ascética encontrarán ciertos términos o ideas resumidas aquí que probablemente son desconocidos. Por ejemplo, en el capítulo número ocho de la *Subida del Monte Carmelo*, San Juan de la Cruz discute la diferencia entre contemplación del intelecto y contemplación apropiada a la teología mística. Hay un abismo entre los dos significados que, muchas veces, es invisible al viajero inexperto, y es muy fácil confundirse. Para mitigar estas dificultades, hemos provisto al amble lector de un glosario extensivo en el apéndice de este libro. Valdría la pena (si todavía no lo has hecho) revisar brevemente este glosario antes de comenzar la próxima sección.

Tu progreso espiritual actual -- Diagnóstico propio

Así como lo hiciste con la identificación de tu pecado radical, trata de evitar tratar este ejercicio como un examen de personalidad (como los que a menudo se usan en el campo laboral). El estado y crecimiento espiritual tienen consecuencias eternas y nuestro destino eterno está en riesgo. Si, por la gracia de Dios, podemos batallar el pecado y perseguir la virtud hasta la muerte, lo encontraremos a Él en toda Su gloria, después de nuestra purificación (si es necesario). Si dependemos de esta gracia y amamos a Cristo con todo nuestro corazón, alma, mente y fuerza el mismo fin llegará. Sin embargo, si fallamos en pelear bien y darle batalla al pecado, y voluntariamente dejamos la vía estrecha, o tomamos decisiones que nos desvían, sólo podemos esperar tener que enfrentar las consecuencias de nuestras malas decisiones. Por tanto, es de crucial importancia entender quiénes somos y donde estamos a la luz de nuestro destino final.

Para ilustrar lo serio que es tener un entendimiento correcto de nuestro estado espiritual, el evangelio según Mateo nos revela el triste final de aquellas personas que llegaron a un diagnóstico radicalmente equivocado por diversas razones. Aquí Jesús proféticamente nos lleva a la visión futurista del día del juicio final cuando algunos llegaron confiados en Dios y quedaron sorprendidísimos con Su respuesta. "No son los que me dicen: 'Señor, Señor', los que entrarán en el Reino de los Cielos, sino los que cumplen la voluntad de mi Padre que está en el cielo. Muchos me dirán en aquel día: 'Señor, Señor, ¿acaso no profetizamos en tu Nombre? ¿No expulsamos a los demonios e hicimos muchos milagros en tu Nombre?'. Entonces yo les manifestaré: 'Jamás los conocí, apártense de mí, malhechores" (Mateo 7:21-23). Aquí Jesús muestra personas que lo reconocen como "Señor" y que hacen obras buenas por el poder y la autoridad de Cristo pero, sin embargo, dentro de una relación con Dios inapropiada -- ¡tan inapropiada que Jesús revela que van a ser rechazados en el día de su juicio final! ¿Cómo puede ser posible? Es posible porque la gente depende de una auto evaluación superficial del estado de sus almas, que resulta en una auto decepción perpetua y a veces espiritualmente fatal.

Entonces, no debemos tomar este trabajo a la ligera. De la misma manera como con la evaluación de nuestro pecado radical, sería mejor hacer este ejercicio durante o después de un retiro silencioso (mejor si es frente al Santísimo durante el retiro) se aconseja lo mismo para esta importante evaluación. Pase lo que pase, no podemos subestimarnos y tratar nuestras almas, y el gran amor que Dios nos ha dado, con nada menos que el mayor honor y respeto debidos.

Desde un punto de vista practico, la mejor manera de hacer esta auto evaluación es con – ¡adivinaste! -- un director espiritual. Si no has podido identificar un director, trabaja con alguien que tome tu vida espiritual seriamente, o alguien que te conoce muy bien (ha visto tu ser verdadero), para asistirte en hacer esta evaluación para que no sea solo una evaluación que es puramente personal o un ejercicio aislado que seguramente será sujeto a alguna medida de auto decepción.

Para obtener lo más que puedas de este ejercicio a solas, o con ayuda, aquí hay unos pasos que puedes seguir:

1. Toma tiempo rezando y pídele al Espíritu Santo que te ayude. Tal vez esta oración te ayudará::

   O Santísima Trinidad, ayúdame a conocer mis faltas y a mí mismo sin decepción o duplicidad. Sálvame, querido Dios, de lo falso y de las pretensiones, no solo a los ojos de los demás, sino también en las profundidades de mi alma. Soy débil y defectuoso. Hazme crecer fuerte, santo y honesto con una intención pura. Le pido humildad para saber con claridad como he pecado, como he te fallado a Ti y a los demás. Te pido, particularmente, saber cuáles son las raíces y razones y los orígenes de mis pecados para comenzar a verme como verdaderamente soy, para ver lo bueno que haz hecho en mí, pero también para reconocer los defectos profundos y debilidades de carácter que están bajo la superficie de mi comportamiento. ¿Qué clase de persona soy? Ay Dios, dime sin escatimar esfuerzo. Quiero escucharte con toda humildad. Ayúdame a ser guiado por Ti hacia una vida mejor y más santa. Ven Espíritu Santo, llena mi mente con luz y mi corazón con honestidad. Inmaculada Madre de Cristo y honesto San José rueguen por mí y ayúdenme. Amen.[30]

2. Luego, si no lo has hecho todavía, ahora es el tiempo de revisar el glosario de términos para que puedes entender claramente qué significan las palabras.

3. Después, lee completamente lo escrito sobre las fases espirituales una vez. Cuando lo hagas esta vez, subraya esos elementos que parecen reflejar exactamente tu condición actual.

4. Ahora, hazlo por segunda vez pero hazlo más cuidadosamente y con oración. Si crees que algún elemento posiblemente está presente en ti, resáltalo (si no los has hecho todavía).

5. Al repasarlo por tercera y última vez, identifica la fase más marcada-- éste será un buen comienzo para identificar tu posición con relación a la jornada espiritual.

Aún con el glosario de términos, podrías encontrar algunas de las ideas difíciles de entender al practicarlas. Aquí es cuando un director espiritual es un recurso invaluable para ajustar tu estado "Usted se encuentra aquí" y luego para ayudarte a entender qué necesitas hacer para continuar profundizando tu relación con Cristo.

Infancia pre-espiritual

La fase pre-infancia de este esquema no se identifica comúnmente con la teología mística o ascética. Esto es así porque en esta etapa, el alma todavía no ha entrado a la vida interior de una manera significativa. Chautard identifica dos estados que reflejan a los que todavía no han llegado a la infancia espiritual o el camino purgativo. Para cada estado, "Endurecido en el Pecado" y "Cristianismo Superficial" él describe las disposiciones o condición del corazón con respecto al pecado, oración, los sacramentos e imperfecciones (que explicaremos a continuación). Es probable que los lectores se encontrarán más allá de estas etapas. Aun así, es útil revisarlas y estar atentos a las señales de regresión en nuestra jornada espiritual.

Endurecido en el pecado

- Pecado Mortal: Persistencia terca en el pecado por el hecho de ignorancia o por una conciencia retorcida o subdesarrollada.
- Oración: Rechazo intencional a recurrir a Dios para cualquier manera de ayuda o provisión.
- Sacramentos: Casi nunca va a misa, si acaso, y no se confiesa.

Cristianismo superficial

- Pecado Mortal: Considerado como un estorbo insignificante y fácilmente perdonado. El alma cede y comete pecado mortal a cada ocasión y tentación. La confesión, si se practica, es casi sin remordimiento.
- Oración: Mecánica e inatenta, lo último en la lista de prioridades, o fácilmente abandonada debido a distracciones o pequeñas dificultades. Estas almas casi nunca entran por sí mismas en oración, o lo hacen superficialmente, y no apartan o establecen cierto tiempo para oración diaria.
- Sacramentos: De vez en cuando va a misa y confesión -- muchas veces solo en la Pascua de Resurrección y la Navidad.

Infancia espiritual (El camino purgativo)

Nuestra entrada a esta primera fase de la vida interior comienza con las motivaciones más básicas de seguir a Dios o una vida espiritual significativa. Las motivaciones natas que nos traen a este punto muchas veces se basen en temor y deber en vez de amor y devoción. Aún imperfectas, estas motivaciones, junto con la perseverancia, pueden proveer una base sana para peregrinos que desean profundizar en su fe. En esta fase, la voluntad todavía está muy débil y propensa a caer en el pecado. En esta fase, encontramos regularmente conversos y "reconversos" quienes han descubierto o "redescubierto" su necesidad de una vida de fe más profunda. En esta fase, el alma orientada de forma apropiada, busca tener un conocimiento de sus pecados, tratar con la pena por sus pecados anteriores y cultivar un gran deseo de quitarse de encima estas ofensas contra Dios y el prójimo. Por lo tanto, aquí comenzamos a ver los esfuerzos iniciales hacia la oración y la piedad.

Veamos estas características con un poco más de detalle. Aquí vamos a explorar tres etapas: (1) Piedad mediocre; (2) Piedad intermitente; y (3) Piedad prolongada, junto con sus manifestaciones en las áreas de pecado, oración y los sacramentos.

Piedad mediocre

- Pecado mortal: Resistencia débil. Casi nunca evita las ocasiones del pecado, pero se arrepiente seriamente de haber pecado, y se confiesa adecuadamente.
- Pecado venial: Considerado insignificante y hasta a veces acogido y deseado. ¡De ahí el estado tibio de la voluntad! Hace nada en absoluto para evitar el pecado venial, o ponerle suficiente atención para prevenirlo, o para descubrirlo y arrancarlo de raíz cuando no es tan conspicuo.
- Oración: De vez en cuando reza bien pero sin propósito todavía. El fervor espiritual es inconsistente y fugaz. La oración está lejos de lo habitual pero al mismo tiempo se valora, aunque de manera mínima. La oración es usualmente vocal a ratos atenta u oración de petición centrada en necesidades y deseos temporales.
- Sacramentos: Asiste a la misa regularmente y se confiesa regularmente.

Piedad intermitente

- Pecado Mortal: Fiel resistencia. Habitualmente evita las ocasiones cercanas del pecado.cRemordimiento profundo cuando reconoce el pecado.cHace penitencia para hacer reparación.
- Pecado Venial: A veces deliberado. Lucha débilmente. Tristeza es solo superficial. Examina su conciencia pero sin método específico, preparación o coherencia.
- Oración: Practica la oración vocal regularmente. Todavía no está firmemente resuelto a ser fiel a la meditación estructurada (hora, lugar, tópico y material). Se rinde cuando siente aridez o en cuanto hay cosas que hacer.
- Sacramentos: Asiste a la misa cada semana y se confiesa por lo menos trimestralmente.

Piedad prolongada

- Pecado mortal: Jamás. Rara vez y solo cuando lo toma de sorpresa y entonces, muchas veces es dudoso si el pecado es mortal. Está seguido por ardientes sentimientos de remordimiento y un deseo de penitencia.
- Pecado venial: Vigilante en luchar y evitarlo y es raramente intencional. Remordimiento intenso, pero hace poca reparación. Se examina de manera particular consistentemente, pero solo con el propósito de evitar el pecado venial.
- Imperfecciones: El alma evita descubrirlos para no tener que luchar contra ellos o los excusa fácilmente. Aprueba la idea de renunciar a ellos y le gustaría hacerlo, pero hace poco esfuerzo hacia esa dirección.
- Oración: Consistentemente fiel a tiempos específicos y a la manera de rezar, pase lo que pase. Esta oración incluye oración vocal y meditación que muchas veces es afectiva. Alternando entre consuelos y aridez, el segundo superado con arduo trabajo.[31]
- Sacramentos: Siempre asiste a la misa cada semana, y diariamente si le es posible. Tiene un horario regular para confesarse.

Gran parte del contenido de esta sección y este libro ayudará a cualquier peregrino serio a progresar en y a través del camino purgativo como se ha descrito aquí. Los directores espirituales bien formados muchas veces conocen las técnicas más útiles que se necesitan (es decir, el acercamiento a la oración, diagnosis del pecado radical, conocimiento de sí mismo, etc.) para la maduración de peregrinos en cada etapa de la jornada. Aunque el énfasis de este libro no son los medios específicos de progresión por estas etapas, si se siguen diligentemente, el lector por lo menos tendrá una buena idea de qué es necesario para una jornada fructuosa. Ahora vamos a explorar brevemente la adolescencia espiritual.

Adolescencia espiritual (el camino iluminativo)

El alma en la adolescencia espiritual está caracterizada por el crecimiento deliberado y consistente en la oración, la virtud, el amor al prójimo, y un despertar de la mente y corazón más profundo en las maneras de Dios así como un entendimiento de la voluntad de Dios más y más claro en su aplicación a un estado de vida particular. En este punto, la lucha por vencer el pecado habitual mortal y venial, y la estabilidad moral aumentada que resulta, se ha ganado casi completamente. El alma tiene un deseo, cada vez más profundo, por la unión con Dios y pureza de pensamiento, palabra y acción. Muchas veces, esta fase está precedida u ocupada con sufrimiento y purificaciones significativas. Sin embargo, el alma se alivia con los consuelos y favores de Dios, que la mantiene durante los tiempos difíciles. Es común encontrar que los fenómenos místicos comienzan a aparecer aquí. El alma bien dirigida en esta fase (como está ilustrado en la tercer mansión de Santa Teresa de Ávila) desea evitar ofender "son muy deseosas de no ofender a Su Majestad ni aun de los pecados veniales se guardan, y de hacer penitencia amigas, sus horas de recogimiento, gastan bien el tiempo, ejercítense en obras de caridad con los prójimos, muy concertadas en su hablar y vestir y gobierno de casa, los que las tienen."[32]

Para entender mejor esta fase vamos a usar dos etapas de progreso de Chautard con modificaciones menores: (1) Fervor y (2) Perfección Relativa.

Fervor

- Pecado Venial: Nunca deliberado. Por sorpresa, a veces, o con advertencia imperfecta. Arrepentimiento profundo y reparación seria hecha.
- Imperfecciones: No quiere nada que ver con ellas. Vigilante contra ellas, lucha contra ellas con coraje, y diligente para ser más agradable a Dios. Sin embargo, a veces las imperfecciones

son aceptadas aunque se arrepienten por ellas inmediatamente. Actos de renunciación frecuentes. El examen particular tiene como su objetivo la perfección en una virtud especifica.

- Oración: Oración vocal y mental constante y gustosamente prolongadas. Muchas veces la oración es afectiva y la oración de simplicidad comienza a emerger. Se alterna entre poderosos consuelos y fuertes pruebas.
- Sacramentos: Asiste a misa fervorosamente cada semana, y diariamente si le es posible. Se confiesa por lo menos mensualmente. Las imperfecciones son ofrecidas en confesión para el propósito de obtener la gracia necesaria para triunfar sobre ellas (es decir confesión devota).

Perfección relativa

- Imperfecciones: Se protege de ellas enérgicamente y con mucho cuidado y amor. Solo ocurren cuando no pone toda la atención que debe.
- Oración: Vida habitual de oración, aun cuando está ocupado con trabajo externo. Sed por renunciar a sí mismo, aniquilación, desinterés y amor divino. Deseo, hambre por la Eucaristía y por el Cielo. Gracias de diferentes grados por la oración infundida, de diferentes grados. Frecuente purificación pasiva.

Madurez espiritual (el camino unitivo)

La característica principal de la madurez espiritual es una concientización simple y constante de la presencia de Dios y una conformidad obvia y habitual de la voluntad de Dios. Aquí encontramos alegría profunda y perdurable, un amor constante para Dios y los demás, humildad profunda, libertad del miedo del sufrimiento que muchas veces está acompañado del deseo de sufrir por Dios y fecundidad apostólica. En esta fase, el sufrimiento está más íntimamente relacionado a unirse a los sufrimientos de Cristo para el propósito de Su gracia redentora, en vez del sufrimiento por los pecados propios. Todo el desarrollo virtuoso adquirido anteriormente en el alma se supone que está presente aquí, así que las distinciones son simples. Aquí tenemos las etapas finales de la categorizacíon de Caussade: perfección heroica y santidad completa.

Perfección heroica

- Imperfecciones: sólo el primer impulso.
- Oración: Gracia sobrenatural de contemplación a veces acompañada con fenómenos extraordinarios. Purificaciones pasivas pronunciadas. Desprecio de sí mismo hasta el punto de olvidar completamente de sí. Prefiere sufrir en vez de gozar.

Santidad completa

- Imperfecciones: Raras e imperceptibles.
- Oración: Frecuentemente experimenta la unión transformadora.

Según discutimos estas últimas etapas, es fácil quedar perplejo o desconcertado con lo que quiere decir la terminología y como se puede entender prácticamente. Este reto común tiene solo un remedio: la experiencia. No tenemos que preocuparnos por cualquier dificultad relacionada a entender estas últimas etapas: Dios proporcionará cualquier percepción necesaria para la etapa del momento presente. Entonces ¿por qué mencionarlo? Porque hay un beneficio en saber que siempre hay un nivel más profundo al que Dios nos está llamando hasta ese día en que lo veamos cara a cara. Santa Teresa hace el argumento en el *Castillo Interior* que todos necesitan entender que estos niveles más profundos existen, y que son posibles como una necesidad fundamental de nuestro crecimiento.

Al concluir esta exploración, vale la pena notar que la mayoría de los peregrinos se encuentran en el camino purgativo. Si el puente levadizo y la puerta al camino purgativo es la oración y un entendimiento de sí mismo orientado hacia Dios (por medio de reflexión), la garantía del pasaje está en la perseverancia y la gracia de Dios (quien promete darse a Sí mismo liberalmente a los que se esfuerzan por la santidad). Santa Teresa de Ávila, en su potente iluminación de este lugar de crecimiento espiritual, reveló que atravesar el camino purgativo[33] puede ser un reto que requiere determinación firme. En la segunda mansión, o morada, del *Castillo Interior*, ella provee una admonición crucial que aquí hemos preservado con adaptaciones pequeñas en cursivo para mejorar la claridad.

> "Es de los que han ya comenzado a tener oración y entendido lo que les importa no se quedar en las primeras moradas, mas no tienen aún determinación para dejar muchas veces de estar en ella, porque no dejan las ocasiones, que es harto peligro. Mas harta misericordia es que algún rato procuren huir de las culebras y cosas emponzoñosas, y entender que es bien dejarlas. Estos, en parte, tienen harto más trabajo que los primeros, aunque no tanto peligro, porque ya parece los entienden, y hay gran esperanza de que entrarán más adentro. Digo que tienen más trabajo, porque los primeros son como mudos que no oyen, y así pasan mejor su trabajo de no hablar, lo que no pasarían, sino muy mayor, los que oyesen y no pudiesen hablar. Mas no por eso se desea más lo de los que no oyen, que en fin es gran cosa entender lo que nos dicen. Así éstos entienden los llamamientos que les hace el Señor; porque, como van entrando más cerca de donde está Su Majestad, es muy buen vecino, y tanta su misericordia y bondad, que aun estándonos en nuestros pasatiempos y negocios y contentos y baraterías del mundo, y aun cayendo y levantando en pecados (porque estas bestias son tan ponzoñosas y peligrosa su compañía y bulliciosas que por maravilla dejarán de tropezar en ellas para caer), con todo esto, tiene en tanto este Señor nuestro que le queramos y procuremos su compañía, que una vez u otra no nos deja de llamar para que nos acerquemos a Él; y es esta voz tan dulce que se deshace la pobre alma en no hacer luego lo que le

manda; y así como digo es más trabajo que no lo oír.

No digo que son estas voces y llamamientos como otras que diré después sino con palabras que oyen a gente buena o sermones o con lo que leen en buenos libros y cosas muchas que habéis oído, por donde llama Dios, o enfermedades, trabajos, y también con una verdad que enseña en aquellos ratos que estamos en la oración; sea cuan flojamente quisiereis, tiénelos Dios en mucho. Y vosotras, hermanas, no tengáis en poco esta primera merced ni os desconsoléis aunque no respondáis luego al Señor, que bien sabe Su Majestad aguardar muchos días y años, en especial cuando ve perseverancia y buenos deseos. Esta es lo más necesario aquí, porque con ella jamás se deja de ganar mucho. Mas es terrible la batería que aquí dan los demonios de mil maneras y con más pena del alma que aun en la pasada; porque acullá estaba muda y sorda, al menos oía muy poco y resistía menos, como quien tiene en parte perdida la esperanza de vencer; aquí está el entendimiento más vivo y las potencias más hábiles: andan los golpes y la artillería de manera que no lo puede el alma dejar de oír. Porque aquí es el representar los demonios estas culebras de las cosas del mundo y el hacer los contentos de él casi eternos, la estima en que está tenido en él, los amigos y parientes, la salud en las cosas de penitencia (que siempre comienza el alma que entra en esta morada a desear hacer alguna), y otras mil maneras de impedimentos.

¡Oh Jesús, qué es la barahúnda que aquí ponen los demonios, y las aflicciones de la pobre alma, que no sabe si pasar adelante o tornar a la primera pieza! Porque la razón, por otra parte, le representa el engaño que es pensar que todo esto vale nada en comparación de lo que pretende; la fe la enseña cuál es lo que le cumple; la memoria le representa en lo que paran todas estas cosas, trayéndole presente la muerte de los que mucho gozaron estas cosas, que ha visto: cómo algunas ha visto súbitas, cuán presto son olvidados de todos, cómo ha visto a algunos que conoció en gran prosperidad pisar debajo de la tierra y aun pasado por la sepultura él muchas veces, y mirar que están en aquel cuerpo hirviendo muchos gusanos, y otras hartas cosas que le puede poner delante; la voluntad se inclina a amar adonde tan innumerables cosas y muestras ha visto de amor, y querría pagar alguna: en especial se le pone delante cómo nunca se quita de con él este verdadero amador, acompañándole, dándole vida y ser. Luego el entendimiento acude con darle a entender que no puede cobrar mejor amigo, aunque viva muchos años; que todo el mundo está lleno de falsedad, y estos contentos que le pone el demonio, de trabajos y cuidados y contradicciones; y le dice que esté cierto que fuera de este castillo no hallará seguridad ni paz; que se deje de andar por cosas ajenas, pues la suya es tan llena de bienes, si la quiere gozar; que quién hay que halle todo lo que ha menester como en su casa, en especial teniendo tal huésped que le hará señor de todos los bienes, si él quiere no andar perdido, como el hijo pródigo, comiendo manjar de puercos.

Razones son éstas para vencer los demonios. Mas ¡oh Señor y Dios mío! que la costumbre en las cosas de vanidad y el ver que todo el mundo trata de esto lo estraga todo. Porque está tan muerta la fe, que queremos más lo que vemos que lo que ella nos dice; y a la verdad, no vemos sino harta malaventura en los que se van tras estas cosas visibles. Mas eso han hecho estas cosas ponzoñosas que tratamos: que, como si a uno muerde una víbora se emponzoña todo y se hincha, así es acá; no nos guardamos; claro está que es menester muchas curas para sanar; y harta merced nos hace Dios, si no morimos de ello. Cierto, pasa el alma aquí grandes trabajos; en especial si entiende el demonio que tiene aparejo en su condición y costumbres para ir muy adelante, todo el infierno juntará para hacerle tornar a salir fuera. ¡Oh Señor mío!, aquí es menester vuestra ayuda, que sin ella no se puede hacer nada. Por vuestra misericordia no consintáis que esta alma sea engañada para dejar lo comenzado. Dadle luz para que vea cómo está en esto todo su bien, y para que se aparte de malas compañías; que grandísima cosa es tratar con los que tratan de esto; allegarse no sólo a los que viere en estos aposentos que él está, sino a los que entendiere que han entrado a los de más cerca; porque le será gran ayuda, y tanto los puede conversar, que le metan consigo. Siempre esté con aviso de no se dejar vencer; porque si el demonio le ve con una gran determinación de que antes perderá la vida y el descanso y todo lo que le ofrece que tornar a la pieza primera, muy más presto le dejará. Sea varón y no de los que se echaban a beber de bruces, cuando iban a la batalla, no me acuerdo con quién, sino que se determine que va a pelear con todos los demonios y que no hay mejores armas que las de la cruz.

Aunque otras veces he dicho esto, importa tanto que lo torno a decir aquí: es que no se acuerde que hay regalos en esto que comienza, porque es muy baja manera de comenzar a labrar un tan precioso y grande edificio; y si comienzan sobre arena, darán con todo en el suelo; nunca acabarán de andar disgustados y tentados. Porque no son éstas las moradas adonde se llueve el maná; están más adelante, adonde todo sabe a lo que quiere un alma, porque no quiere sino lo que quiere Dios. Es cosa donosa que aún nos estamos con mil embarazos e imperfecciones y las virtudes que aún no saben andar, sino que ha poco que comenzaron a nacer, y aun plega a Dios estén comenzadas, ¿y no habemos vergüenza de querer gustos en la oración y quejarnos de sequedades? Nunca os acaezca, hermanas; abrazaos con la cruz que vuestro Esposo llevó sobre sí y entended que ésta ha de ser vuestra empresa; la que más pudiere padecer, que padezca más por Él, y será la mejor librada. Lo demás, como cosa accesoria, si os lo diere el Señor dadle muchas gracias.

Pareceros ha que para los trabajos exteriores bien determinadas estáis, con que os regale Dios en lo interior. Su Majestad sabe mejor lo que nos conviene; no hay para qué le aconsejar lo que nos ha de dar, que nos puede con razón decir, que no sabemos lo que pedimos. Toda la pretensión de quien comienza oración (y no se os olvide esto, que importa mucho) ha de ser trabajar y determinarse y disponerse con cuantas diligencias pueda a hacer su voluntad conformar con la de Dios; y como diré después estad muy ciertas que en esto consiste toda la mayor perfección que se puede alcanzar en el camino espiritual: quien más perfectamente tuviere esto, más recibirá del Señor y más adelante está en este camino. No penséis que hay aquí más algarabías ni cosas no sabidas y entendidas, que en esto consiste todo nuestro bien. Pues si erramos en el principio, queriendo luego que el Señor haga la nuestra y que nos lleve como imaginamos, ¿qué firmeza puede llevar este edificio? Procuremos hacer lo que es en nosotros y guardarnos de estas sabandijas ponzoñosas; que muchas veces quiere el Señor que nos persigan malos pensamientos y nos aflijan, sin poderlos echar de nosotros, y sequedades; y aun algunas veces permite que nos muerdan, para que nos sepamos mejor guardar después y para probar si nos pesa mucho de haberle ofendido.

Por eso, no os desaniméis, si alguna vez cayereis, para dejar de procurar ir adelante; que aun de esa caída sacará Dios bien, como hace el que vende la triaca para probar si es buena, que bebe la ponzoña primero. Cuando no viésemos en otra cosa nuestra miseria y el gran daño que nos hace andar derramados, sino en esta batería que se pasa para tornarnos a recoger, bastaba. ¿Puede ser mayor mal que no nos hallemos en nuestra misma casa? ¿Qué esperanza podemos tener de hallar sosiego en otras cosas, pues en las propias no podemos sosegar? Sino que tan grandes y verdaderos amigos y parientes y con quien siempre, aunque no queramos, hemos de vivir, como son las potencias, ésas parece nos hacen la guerra, como sentidas de las que a ellas les han hecho nuestros vicios. ¡Paz, paz!, hermanas mías, dijo el Señor, y amonestó a sus Apóstoles tantas veces. Pues créeme, que si no la tenemos y procuramos en nuestra casa, que no la hallaremos en los extraños. Acábese ya esta guerra; por la sangre que derramó por nosotros lo pido yo a los que no han comenzado a entrar en sí; y a los que han comenzado, que no baste para hacerlos tornar atrás. Miren que es peor la recaída que la caída; ya ven su pérdida; confíen en la misericordia de Dios y nonada en sí, y verán cómo Su Majestad le lleva de unas moradas a otras y le mete en la tierra adonde estas fieras ni le puedan tocar ni cansar, sino que él las sujete a todas y burle de ellas, y goce de muchos más bienes que podría desear, aun en esta vida digo.

Porque como dije al principio, os tengo escrito cómo os habéis de haber en estas turbaciones que aquí pone el demonio, y cómo no ha de ir a fuerza de brazos el comenzarse a recoger, sino con suavidad, para que podáis estar más continuamente, no lo diré aquí, más de que, de mi parecer hace mucho al caso tratar con personas experimentadas; porque en cosas que son necesario hacer, pensaréis que hay gran quiebra. Como no sea el dejarlo, todo lo guiará el Señor a nuestro provecho, aunque no hallemos quien nos enseñe; que para este mal no hay remedio si no se torna a comenzar, sino ir perdiendo poco a poco cada día más el alma, y aun plega a Dios que lo entienda.

Podría alguna pensar que si tanto mal es tornar atrás, que mejor será nunca comenzarlo, sino estarse fuera del castillo. Ya os dije al principio, y el mismo Señor lo dice, que quien anda en el peligro en él perece, y que la puerta para entrar en este castillo es la oración. Pues pensar que hemos de entrar en el cielo y no entrar en nosotros, conociéndonos y considerando nuestra miseria y lo que debemos a Dios y pidiéndole muchas veces misericordia, es desatino. El mismo Señor dice: Ninguno subirá a mi Padre, sino por Mí; no sé si dice así, creo que sí; y quien me ve a Mí, ve a mi Padre. Pues si nunca le miramos ni consideramos lo que le debemos y la muerte que pasó por nosotros, no sé cómo le podemos conocer ni hacer obras en su servicio; porque la fe sin ellas y sin ir llegadas al valor de los merecimientos de Jesucristo, bien nuestro, ¿qué valor pueden tener? ¿Ni quién nos despertará a amar a este Señor? Plega a Su Majestad nos dé a entender lo mucho que le costamos y cómo no es más el siervo que el Señor, y qué hemos menester obrar para gozar su gloria, y que para esto nos es necesario orar para no andar siempre en tentación."[34]

De este modo terminamos nuestra exploración de los caminos de la vida interior a la sombra de la sabiduría y las oraciones de una de las más grandes maestras de la vida espiritual que la Iglesia ha conocido. Sin embargo, tal vez esta llamada a una mayor y más profunda espiritualidad tal vez no se aplica al lector y, Dios mediante, si así es, no se aplicará por mucho tiempo porque el avanzara más allá de esta fase a un paso seguro y constante. Si ya has discernido que estás más allá del camino purgativo o si estás bien seguro de seguir a Dios por donde Él te lleve, entonces te recomiendo enfáticamente que continúes tu desarrollo espiritual obteniendo un director espiritual y revisando las siguientes obras: *Las Tres Edades de la Vida Espiritual* del Padre Garrigou-Lagrange, y *Vida Espiritual* por Adolf Tanquerey. Una obra muy llamativa y accesible que trata estas fases de crecimiento espiritual y tal vez la mejor disponible al lector moderno, es el libro y cuaderno de ejercicios de Ralph Martin, publicado por Emmaus Road Publishing, llamado *The Fulfillment of All Desire* (El Cumplimiento de Todo Deseo). Si requiere o desea obtener mayor información sobre los mejores y más apropiados recursos de ayuda en la vida espiritual, hemos provisto una página de "Recursos Adicionales" titulada "Resources for Growth" en inglés, a través del sitio www.RCSpiritualDirection.com/MustRead.

DESARROLLANDO UNA REGLA DE VIDA

Antes de concluir este manual, es importante repasar el gran beneficio que las almas pueden recibir al desarrollar una "regla de vida" (también conocida como un "programa de vida" o un "plan de vida"). En el contexto de la vida religiosa, una regla de vida es un grupo de principios, normas, y prohibiciones a las cuales que una persona se compromete a adherirse, a fin de mantener o profundizar una relación con Dios y la comunidad dentro de una orden religiosa en particular. Una regla de vida, aplicada a los que no pertenecemos a una orden religiosa, es como un credo personal o un plan que nos sirve como una "brújula" espiritual y nos ayuda a mantenernos firmes y en el camino correcto, según se ha establecido a través de los ejercicios de evaluación espiritual. El párrafo 88 de "El Sacerdote, Confesor y Director Espiritual - Ministro de la Misericordia Divina" dice lo siguiente sobre el desarrollo de un plan para el crecimiento espiritual:

> La jornada de dirección espiritual se puede iniciar oportunamente con una revisión general de nuestra vida. Siempre es muy útil tener un plan o alguna resolución particular que cubra nuestra relación con Dios (oración litúrgica y personal), nuestras relaciones fraternas, la familia, el trabajo, las amistades, las virtudes específicas, nuestros deberes personales. Estos planes también pueden reflejar nuestras aspiraciones, las dificultades que encontramos y el deseo de darse más a Dios. Es muy útil indicar el método espiritual que

se quiere utilizar en el camino hacia la oración, la santidad (virtud), los deberes del propio estado, la mortificación y las pequeñas dificultades cotidianas.

Como el lector probablemente ya ha deducido, todo el trabajo literario forjado hasta este punto constituye el material principal para el desarrollo de un plan de crecimiento espiritual. Un programa bueno, o una regla de vida, debería incluir los siguientes elementos que reflejarán un énfasis o esfuerzo que podría abarcar semanas, meses o un año entero dependiendo de lo que sea necesario para el crecimiento efectivo:

Periodo de tiempo: ¿Qué periodo se va incluir con esta regla (mes/año)?

Identificación de pecado radical: ¿Cuál es tu pecado radical y cómo se manifiesta en tu vida?

Virtud correspondiente: ¿Cuál es la virtud correspondiente que vas a seguir que te ayudará a luchar contra tu pecado radical?

Virtud en Cristo: ¿Cómo se manifiesta esta virtud en la vida y la persona de Cristo y de qué manera específica te inspira el ejemplo de Cristo en tu persecución de la santidad? Específicamente ¿cómo vas a tratar de vivir esa virtud?

Oración y los Sacramentos: ¿Cómo planificas crecer en la fe por medio de la oración y los sacramentos?

Horario Diario: ¿Cómo vas a vivir diariamente tu regla de vida? Esto podría incluir horas específicas para la oración matutina, otra oración, examen de conciencia, etc. Este horario también podría indicar cuales cosas son compromisos no negociables y cuales son opcionales en el sentido de que no violarán tu regla de vida si no pudieras cumplir con ellos cualquier día en particular.

Tal como sospecharías, una regla de vida puede ser muy detallada y precisa o muy simple y sencilla. De un extremo al otro del espectro de la gama de precisión requerida, una regla puede reducirse a ser, simplemente, no más que una página que describe ciertos tipos de oración y otros compromisos que seguiremos de acuerdo con un horario específico cada día. Un ejemplo de un breve punto de enfoque y un horario podría ser el que sigue:

Punto focal: Esta semana quiero hacer el esfuerzo de asegurarme que seré amable y respetuoso con mi cónyuge y mi familia—particularmente cuando interrumpan mi trabajo. Cuando ocurra la interrupción, voy a parar de trabajar, me volveré hacia ellos, y los atenderé con amor y dulzura.

Horario:

7:00 a.m. a 7:10 a.m.	Meditación
7:10 a.m. a 7:20 a.m.	Leer las Escrituras y Reflexión
7:20 a.m. a 7:30 a.m.	Década del Rosario
11:50 a.m. a 12:00 p.m.	Ángelus
12:00 p.m. a 1:00 p.m. (13:00)	Misa
4:30 p.m. (16:30)	Comenzar a terminar el trabajo del día para poder salir a tiempo.
5:00 p.m. (17:00)	Salir del trabajo para llegar a tiempo a casa para cenar con la familia.
6:00 p.m. a 7:00 p.m. (18:00 a 19:00)	Cenar con la familia/ rosario
8:30 p.m. a 8:45 p.m. (20:30 a 20:45)	Examen de conciencia y Oración de la noche

Una manera más simple de comenzar, es la de escribir como reaccionaríamos cuando enfrentemos una tentación frecuente. Esta estrategia tal vez simplemente tenga un punto de enfoque similar al arriba mencionado, pero sin detallar un horario especifico, como por ejemplo:

Punto de Enfoque: Cada vez que tenga pensamientos o tentaciones sobre ______________________, comenzaré a rezar un avemaría hasta que se desvanezcan.

Un ingrediente esencial de una buena regla de vida es el de ser tan especifico y enfocado como sea posible. Un énfasis en todo es un énfasis en nada; es muy fácil ser ambiguo o enfocarte en demasiadas cosas a la vez cuando se busca obtener mayor tracción en el camino de la vida espiritual. La orientación para ser específico es parecida a la que se dio anteriormente para identificar el pecado radical: Si explicarlo bien a un desconocido, entonces, ten la certeza de que está suficientemente claro. Con respecto al logro específico de cualquier virtud o disciplina espiritual, aquí hay una prueba común para determinar si tus metas son S.M.A.R.T. (aquí usamos un acrónimo en inglés que significa inteligente, listo o bien hecho):

Specific (específicas): ¿Son mis metas espirituales precisas, detalladas y explícitas?

Measurable (mensurables): ¿He expresado mis metas espirituales de una manera en que puedo determinar fácilmente si las he logrado o no?

Actionable (factibles): ¿Son mis metas espirituales lo suficientemente claras para que pueda tomar medidas diarias para lograrlas?

Realistic (realistas): ¿Son mis metas espirituales de un nivel alto pero al alcance de alguien con mis responsabilidades como madre o padre de familia, esposa/esposo, etc.?

Time bound (atadas al tiempo): ¿Están mis metas atadas a incrementos de tiempo como los días, las semanas, los meses o años, como para tener el beneficio adicional de trabajar contra un itinerario especifico?

Una precaución adicional y puntual sobre este punto: Este ejercicio se hace mejor con la ayuda de un director espiritual. Como mínimo necesitamos contar con los ojos, los sentidos y la intuición de otra persona que ha tenido la experiencia previa de este proceso y que tiene un entendimiento bueno de los componentes necesarios. En el peor de los casos, deberíamos hacer este trabajo con nuestro cónyuge o un amigo espiritual de confianza que nos puede hacer un comentario imparcial y, siempre con mucha oración. También las organizaciones mencionadas en la sección sobre un "atajo" deberían tener la noción de la necesidad de tener una regla de vida y tal vez te pueden ayudar. Estas organizaciones probablemente tendrán una regla de vida general que describe las prácticas y los compromisos de los miembros y una regla de vida personal que tu desarrollarás que refleja cómo estos elementos se realizarán en tu propia vida diariamente.

Finalmente, independientemente del enfoque específico que tomemos, al final del día debemos hacer un breve examen de conciencia, cuando oremos antes de acostarnos, para ver como hicimos. Debemos aprovechar esta oportunidad para revisar los puntos sobresalientes o los compromisos que hicimos durante el transcurso del día, darle gracias a Dios por el progreso positivo de nuestro peregrinaje espiritual diario, pedir perdón por todas las áreas en las que fallamos, e intentar ver diferentes maneras en que podríamos progresar más al día siguiente.

CONCLUSIÓN

Hace algún tiempo las autoridades competentes encontraron el cadáver de un hombre que murió en el desierto de California. Fruto de la investigación policial correspondiente, las autoridades determinaron que el automóvil del occiso se había descompuesto y que él había caminado millas de millas sin jamás poder llegar a salvaguardarse de los efectos mortales del intenso calor desértico. La ironía plagada de una inconmensurable tristeza, es que el hombre murió a solo unas pocas yardas (o sea metros) de un acueducto lleno de agua. Asombrosamente, había caminado cierta distancia por una vía paralela a un abundante flujo de agua fresca. Al principio, este insólito hecho extraño a los investigadores, pero rápidamente se percataron que él no tenía modo alguno de saber que el agua estaba allí, porque desde donde él estaba situado, el terreno amorfo escondía el caudal de agua benefactora, y porque el concreto por donde corría el agua era liso lo cual evitaba que él pudiese tener la oportunidad de haberla oído. Así fue que él murió a muy poca distancia de una sobreabundante cantidad el agua, mucho más de lo que siquiera requería para sobrevivir.

La Iglesia enfrenta un reto parecido. Millones de personas están a unos pocos metros de la gracia necesaria para ascender a las alturas del cielo en esta vida (obviamente que con ciertas limitaciones) y para maravillarse y gozar de la sonrisa de Dios, cara a cara, en la próxima vida. Muchas de estas almas asisten a la misa cada semana, o inclusive cada día, y participan en diversas devociones tales como el del rosario, la adoración, y leen las escrituras regularmente. La gran tragedia es que muchas veces su práctica de religión está limitada a la piedad externa, y de esa manera se practica con ignorancia lo que Jesús nos llama a hacer cuando dice, "Por lo tanto, sean perfectos como es perfecto el Padre que está en el cielo" (Mateo 5:48). Muchos pasan por la vida sin buscar o sin saber cómo encontrar la gracia de tener en esta vida una relación amorosa con Cristo que abre el alma de formas más allá de lo que se pueden imaginar.

La meta de este libro es ayudar al lector a entender, aún de las manera más pequeña, como llegar a ese gran torrente de agua y, al hacerlo, entrar a la vida en el Corazón del Portador del agua de la vida. Al fin, este libro se trata de adquirir un auto conocimiento en un contexto religioso y divino que apunta a una relación dinámica e intima con Dios. Con este conocimiento sabremos dónde estamos y dónde está el agua de la vida, así como algún sentido de como adquirirla.

Que encuentres todo lo que Él te tiene que dar, que bebas hasta saciarte de esta agua bendita del cielo y que jamás tengas sed de otra cosa.

Fiesta de Nuestra Señora de Monte Carmelo, 16 de julio de 2012

Para que les conceda, por la riqueza de su gloria, fortalecerlos interiormente, mediante la acción de su Espíritu; que Cristo habite por la fe en sus corazones, para que, arraigados y cimentados en el amor, puedan comprender con todos los santos la anchura y la longitud, la altura y profundidad, y conocer el amor de Cristo, que excede a todo conocimiento, y se llenen de toda la plenitud de Dios. A Aquel que tiene poder para realizar todas las cosas incomparablemente mejor de lo que podemos pedir o pensar, conforme al poder que actúa en nosotros, a Él la gloria en la Iglesia y en Cristo Jesús por todas las generaciones y todos los tiempos. Amén (Efesios 3:16-19).

GLOSARIO DE TERMINOLOGÍA

A menos que se indique lo contrario, estos términos contenidos en esta obra han sido tomados del *Modern Catholic Dictionary* (Diccionario Moderno Católico) por John A. Hardon, S.J. (Eternal Life Publications, 2000) (Publicaciones Vida Eterna, 2000).

abnegación: El acto o la práctica de dejar o abandonar alguna satisfacción legitima, por un bien mayor que resulta de una motivación más elevada.

afectivo: Véase oración, afectiva.

aniquilación de sí mismo: Renunciación heroica; el darse a sí mismo por completo. Véase **renunciación**.

apego: Dependencia emocional, de una persona hacia otra persona, o de una persona hacia un objeto real o ilusorio. Los apegos representan un papel muy importante en el desarrollo espiritual porque la primera condición para el progreso hacia la santidad es domar, aunque sea un poco, los apegos excesivos que uno siente.

apetitos, desordenados: Aquellos deseos excesivos y deliberados de cosas o circunstancias creadas que no están apropiadamente orientadas hacia el bien espiritual o moral y que pueden impedir la unión con Dios y oscurecer, contaminar, debilitar y atormentar el alma (Autor).

aridez: El estado de un alma sin consolación sensible, que hace que el alma tenga mucha dificultad para rezar. Puede ser causada por algo físico, como una enfermedad, o la autocomplacencia voluntaria, o por un acto de Dios, quien está dirigiendo a la persona hacia la contemplación a través de pruebas.

conciencia de sí mismo: Conocimiento personal que tiene una persona de la dignidad humana y su elevado destino, así como el conocimiento de las llagas y la oscuridad que el pecado original y el pecado personal han causado en su interior. Dicho conocimiento no está aislado del orden natural si no que enmarca la conciencia de sí mismo en el contexto de la presencia de Dios y de la ley de Dios (Autor).

concupiscencia: La insubordinación de los deseos y pasiones del hombre ante los dictados de la razón, y la propensidad de la naturaleza humana de pecar como resultado del pecado original. Más comúnmente, este termino se refiere al movimiento espontáneo de los apetitos sensitivos hacia cualquier cosa que la imaginación representa como agradable y el alejarse de lo que representa como doloroso. No obstante, la concupiscencia también incluye los deseos rebeldes de la voluntad tale como el orgullo, la ambición y la envidia.

confesión, de devoción: La práctica de la confesión regular, aunque uno no está consciente de haber cometido un pecado mortal, o aún de haber cometido un pecado venial. Esta práctica incluye el establecer y mantener un horario específico para examinar nuestra conciencia y para la confesión. También, puede incluir la confesión de pecados mortales o veniales que se habían confesado anteriormente en confesión general o especifica. La confesión de devoción puede también considerar imperfecciones (veas **imperfecciones**) aunque no constituyen materia suficiente para la absolución. En tal caso, los pecados confesados anteriormente, especialmente los relacionados a nuestra falta u ofensa predominante, deberían ser mencionados. Nota: Esta práctica no es recomendada para los que sufren de escrúpulos (Autor).

consolación: Un movimiento interior que despierta en el alma, por el cual se enciende de amor para su Creador y Señor. También, se conoce por consolación, cuando se derraman lágrimas que mueven a uno al amor de Dios, aunque fuese por la tristeza o la pena por los pecados, o por los sufrimientos de Cristo nuestro Señor, o por cualquier otra razón dirigida de inmediato a la alabanza y al servicio de Dios. La consolación también puede ser cada aumento paulatino de fe, esperanza y caridad, y toda la alegría que nos invita y atrae a lo que es del cielo y a la salvación del alma de uno por medio de llenarla con paz y tranquilidad en su Creador y Señor (adaptado de los Ejercicios de San Ignacio #316).

contemplación: Véase "**oración, contemplación, infundida**".

desapego: En asceticismo, la retención de afecto excesivo para las criaturas en nombre del Creador. Cuando se trata de pecado mortal, el desapego es imperativo para la salvación. El desapego de las criaturas que son obstáculos al servicio completo de Dios es una condición normal para el crecimiento en la santidad.

afecto desordenado: Véase **apego**.

disposición: La calidad o condición de una persona que es necesaria para el desempeño de alguna acción. Comúnmente aplicada a las condiciones necesarias para la recepción o administración válida de los sacramentos, así como el estado de gracia es necesario para el sacramento de la Eucaristía o el remordimiento sincero para recibir la absolución en el sacramento de la penitencia.

Doctor de la Iglesia: Un título dado desde la Edad Media a ciertos santos cuyas obras o predicaciones son excepcionales para guiar a los fieles en todos los periodos de la historia de la Iglesia.

ejercicios espirituales: Cualquier programa fijo de deberes religiosos, especialmente las oraciones, meditaciones y lectura espiritual que es requerida para las personas que están siguiendo una regla de vida distintiva. También, es el periodo de silencio y reflexión piadosa que se practica cada año (o más frecuentemente) en un retiro. Particularmente, los ejercicios de San Ignacio de Loyola, redactados como un método de llegar a corregir la vida de uno y de resolver hacia un camino de santidad establecido. Los ejercicios de San Ignacio fueron originalmente compuestos por el santo en una cueva de Manresa, España, después de su conversión. Han sido recomendados por los Papas como un programa de renovación espiritual muy efectivo para sacerdotes, religiosos y laicos. Su principio subyacente es la declaración que se halla al comienzo de los ejercicios: "El hombre fue creado para alabar, hacer reverencia y servir a Dios nuestro Señor y, mediante esto, salvar su alma." Dado este propósito básico de la existencia humana, al creyente se le dice cómo llegar a su destino por medio de vencer las tendencias pecaminosas e imitar a Cristo llevando la cruz en la tierra para poder ser glorificado con Cristo en la vida siguiente.

escrupulosidad: El hábito de imaginar la presencia del pecado cuando este no existe, o de imaginar la presencia del pecado mortal cuando éste es venial. Para vencer la escrupulosidad, la persona necesita ser instruida propiamente para formar una conciencia correcta. En casos extremos el único remedio es la obediencia absoluta (por un tiempo) a un confesor prudente.

examen: Reflexión ante la presencia de Dios sobre el estado de nuestra alma que se refiere a una norma de conducta específica que se ha adoptado, es decir una regla de vida o compromiso, etc. (Autor)

examen particular: Un examen de conciencia, hecho regularmente y con oración, que se concentra en un defecto moral particular que hay que vencer o dominar, o se concentra en una virtud que hay que ejercitar. El foco de atención se centra en las manifestaciones externas del defecto o la virtud que puedes recordar para inventario regular o periódico. Los exámenes particulares se cambian semanal, mensualmente, o de otra manera para asegurar la atención máxima. También, comúnmente son asociados con una breve invocación para la asistencia divina cuando se presentan ocasiones para evitar un pecado o para actuar de acuerdo con una virtud. Después de un tiempo, se puede comenzar otro ciclo de los mismos defectos que esta persona tiene que domar o los buenos hábitos que él o ella necesitan desarrollar.

examen de conciencia: Véase **examen.**

falta predominante: El defecto al interior del alma que tiende a prevalecer sobre otros defectos, y así sobre nuestro modo de sentir, juzgar, compadecer, nuestra voluntad y acción. En cada uno de nosotros, este primordial defecto tiene una relación íntima con nuestro temperamento individual (véase Lagrange, *Tres Edades*, Parte 2, Capítulo 22).

formación: El acto o el proceso de desarrollar a la persona en todos los campos o esferas de la experiencia humana, pero en particular en los que ayudan a la persona humana a conocer y amar a Dios y a servir a los demás de mejor manera. Aunque las guías humanas pueden asistir o guiar este proceso, estamos "formados" por Dios, así como lo ilustra la imagen del alfarero (Dios) y la arcilla (el alma) (Autor).

guerra espiritual: Una forma de oración y vigilancia personal, en la cual destaca la humilde dependencia en la gracia y el poder de Dios, que se opone específicamente y de manera activa contra fuerzas particulares del mal según se manifiestan en la carne y el mundo (Autor).

imperfecciones: Las deficiencias de carácter que, aunque no tan serias como los pecados mortales o veniales, sin embargo, constituyen obstáculos para alcanzar la perfección Cristiana y la unión con Dios. Es importante notar que la omisión de un acto bueno obligatorio es pecaminoso (por ejemplo, faltar a la Misa de domingo sin razón o justificativo suficiente). Sin embargo, dejar de hacer un acto bueno que no es obligatorio (como el de no asistir a Misa diariamente), aunque fuese por debilidad humana o la dificultad de juzgar la obligación, se considera una imperfección moral y no un pecado. A pesar de que las imperfecciones son reflejos de deficiencias de nuestro carácter y son obstáculos para la perfección Cristiana, no son pecados y, por lo tanto, son materia insuficiente para absolución. Sin embargo, se pueden confesar para aliviar nuestra conciencia y para crecer en la vida espiritual. Las personas escrupulosas constituyen una excepción, y deberían seguir la dirección de su confesor o director espiritual en tales asuntos (Autor).

oración infundida: Véase "**oración, contemplación, infundida**".

Magisterio: La autoridad de enseñanza de la Iglesia, investida en los obispos, como sucesores de los apóstoles, bajo el Pontífice Romano, como sucesor de San Pedro. También está investida en el Santo Papa, como Vicario de Cristo y jefe de la Iglesia Católica.

matrimonio espiritual: Véase **unión transformadora**.

misticismo: El estado sobrenatural del alma donde se conoce a Dios de una manera especial que desborda y esta más allá del conocimiento divino que se adquiere únicamente como producto del esfuerzo humano. Hay una experiencia de Dios inmediata y personal que es verdaderamente extraordinaria, no solo en la intensidad y el grado de la experiencia, sino también en el tipo de experiencia. Siempre es el resultado de una gracia de Dios especial y totalmente inmerecida. El misticismo cristiano se distingue del misticismo oriental, no cristiano. Éste siempre reconoce que la realidad a la que penetra simplemente trasciende el alma y el cosmos; no hay ninguna confusión entre Tú y yo, pero siempre una profunda humildad ante la Majestad infinita de Dios. Y en el misticismo Cristiano, toda unión entre el alma y Dios es una unión moral de amor, haciendo Su voluntad aún con gran sacrificio propio. No hay ningún indicio de perder el ser en Dios o de la absorción de la personalidad propia en lo divino.

movimiento: Una organización de la iglesia con reconocimiento canónico que provee vías para vivir los compromisos del bautismo, discipulado y santidad relacionada por medio de una visión espiritual específica llamada "carisma" que se expresa con prácticas de vida distintivas y maneras de oración (Autor).

oración afectiva: A menudo el resultado de la oración discursiva, la oración afectiva ocurre cuando el corazón y la mente están ocupados, con y más allá del intelecto, con el objeto de la meditación (Autor).

oración, contemplación, infundida: Un regalo sobrenatural infundido, que tiene su origen en Dios, completamente fuera de nuestra voluntad o habilidad, por medio del cual una persona esta libremente absorbido en Dios, produciendo un verdadero conocimiento, deseo y amor por Él. Frecuentemente este encuentro dulce o encantador puede producir percepciones especiales de cosas del espíritu y resulta en un deseo más profundo y tangible para amar a Dios y al prójimo de pensamiento, palabra y hecho. Es importante anotar que la contemplación infundida es un estado para el cual uno se puede preparar, pero de ninguna manera se puede producir, ni por la voluntad ni por el deseo de una persona por métodos o practicas ascéticas (Autor).

oración infundida: Véase **oración, contemplación, infundida**.

oración de sencillez: Meditación reemplazada por una oración más pura e íntima que consiste en una sencilla contemplación o un pensamiento cariñoso en Dios, o en algunos de sus atributos, o en algún misterio de la fe Cristiana. El alma se ocupa tranquilamente de las operaciones del Espíritu con sentimientos de amor sin necesidad de hacer esfuerzo mental (adaptado de Hardon).

oración, meditación: Oración reflexiva. La forma de oración mental en que la mente, en la presencia de Dios, piensa sobre Dios y las cosas divinas. Mientras los afectos pueden también estar activos, el énfasis en la meditación es en la función del intelecto. Así es que esto también se llama oración mental discursiva. Los objetos de meditación son principalmente tres: los misterios de la fe; el conocimiento mejor de lo que Dios quiere que la persona haga; y la voluntad divina, saber cómo Dios quiere ser servido por la persona que está meditando.

oración mental: La forma de oración en que los sentimientos expresados son los de sí mismo y no los de otra persona. La expresión de estos sentimientos es casi siempre, si no completamente, interior y no exteriorizado (por ejemplo, no se vocaliza). La oración mental se cumple con actos interiores de la mente y el afecto, que son consideraciones cariñosas y discursivas (reflexivas) sobre verdades o algún misterio de la fe. En la oración mental, las tres facultades del alma están involucrados:

la memoria, que le ofrece a la mente el material para meditación; el intelecto, que reflexiona o percibe directamente el significado de algunas verdades religiosas y las implicaciones para su práctica; y la voluntad, que libremente expresa los sentimientos de fe, confianza y caridad, y (según sea necesario) hace buenas resoluciones a base de lo que la memoria y el intelecto han dado a conocer a la voluntad (adaptado de Hardon por el Autor).

oración vocal: Cualquier forma de oración expresada en forma audible usando formulas escritas anteriormente (por ejemplo el Rosario, la Liturgia de las Horas, etc.).

orden tercera: Asociaciones de fieles establecidas por órdenes religiosas. Datan desde el siglo trece y pueden ser seculares o regulares. Si seculares, son laicos, comúnmente llamados terciarios. Si regulares, son religiosos, obligados por votos públicos y viven en comunidades. Originalmente, las órdenes terciarias eran Franciscanas o Dominicas, pero, desde ese entonces, la Santa Sede ha aprobado muchas otras, ambas seculares y regulares. Por ejemplo, los Agustinos, Carmelitas, Siervos de María y Trinitarios.

ortodoxia: La fe correcta y verdadera; lo contrario a la heterodoxia o herejía.

particular, examen: Véase **examen particular**.

pecado mortal: Un pecado actual que destruye la gracia santificante y causa la muerte sobrenatural del alma. El pecado mortal es un alejamiento de Dios por medio de la adherencia o fidelidad a criaturas que es tan excesivamente seria que causa daño grave a la naturaleza racional de una persona y al orden social, y que priva al pecador del derecho al cielo.

Los términos: mortal, capital, grave y serio aplicados al pecado son sinónimos, cada una con una acepción ligeramente diferente. El termino "mortal" se enfoca en los efectos que surte dicho pecado sobre el pecador, principalmente la privación del estado de amistad con Dios;

capital, grave y serio se refieren a la importancia de la materia en que la persona ofende a Dios. Pero la Iglesia nunca distingue entre estos términos como si representaran diferentes tipos de pecados. Solo hay un correlativo reconocido al pecado mortal, y esto es el pecado venial, que ofende a Dios pero que no causa la pérdida del estado de gracia en uno.

pecado, ocasión cercana de: Cualquier persona, lugar o cosa que, por su naturaleza o por la debilidad humana, puede conducir una persona a hacer lo malo y así cometer pecado. Si el peligro es seguro y probable, la ocasión es próxima; si el peligro o el riesgo es escaso, la ocasión es lejana. Es voluntaria si se puede evitar fácilmente. No existe obligación de evitar una ocasión lejana, a menos que exista un peligro o riesgo probable de que la ocasión lejana se convierta en una próxima. Existe una obligación positiva de evitar una ocasión de pecado que es voluntaria y próxima aunque la ocasión de hacer el mal sea debido a la debilidad humana.

pecado radical (falta predominante): El defecto al interior de nuestras almas que suele ser predominar sobre todos los demás, y de esta manera detentar el mayor grado de influencia sobre nuestra manera de sentir, juzgar, compadecer, disponer y actuar. En cada uno de nosotros, este defecto tiene una relación intima con nuestro temperamento individual (Lagrange).

pecado venial: Una ofensa contra Dios que no elimina la gracia santificante del pecador. Se llama venial (de *venia pardon* en latín, que quiere decir perdón) porque el alma todavía tiene el principio vital, o sea la fuerza esencial, que permite una curación interna, parecido al sanar de un cuerpo que está mal o enfermo, cuya fuente de animación (el alma) todavía está presente para restaurar a la salud la función debilitada del cuerpo.

El pecado venial deliberado es una enfermedad que debilita los poderes espirituales de una persona, rebaja la resistencia a lo malo y causa una separación del camino que dirige a la gloria celestial. De muchas maneras, estos pecados denominados "pecados cotidianos" o "pecados leves" o "pecados menores o inferiores," son cometidos bajo una variedad de condiciones: cuando una persona peca con conocimiento completo o parcial contra una ley divina que no obliga por completo; cuando uno viola una ley que obliga gravemente pero sujeto a un conocimiento o consentimiento parcial o incompleto de la ley; o cuando uno desobedece un precepto objetivamente grave, pero debido a la ignorancia invencible no cree que la transgresión de dicha obligación constituye una ofensa seria.

La esencia del pecado venial consiste en un cierto desorden, pero no implica una aversión completa del destino final de la humanidad. Es una enfermedad del alma que no implica la muerte sobrenatural. Cuando la gente comete un pecado venial, no se separa definitivamente de Dios, pero debido a su debilidad por algún bien engendrado o creado se hallan alejados de Dios. Son como personas que divagan, sin alejarse del camino.

penitencia: La virtud o disposición del corazón por medio de la cual uno se arrepiente de sus pecados y se convierte a Dios. También es el castigo por medio del que uno hace expiación por los pecados cometidos, por sí mismo o por otros. Y, finalmente, es el sacramento de penitencia, donde los pecados cometidos después del bautismo son absueltos por un sacerdote en nombre de Dios.

piedad: La sensibilidad religiosa de una persona que refleja una actitud de reverencia, respeto y devoción hacia Dios y las cosas de Dios (Autor).

programa de vida: Véase **regla de vida**.

purificación activa: Esta purificación resulta de los esfuerzos del alma (con la ayuda del Espíritu Santo) que busca purificarse de pecados, vicios, imperfecciones y cualquier cosa que le impidiera alcanzar la santidad, unión con Dios, y vivir una vida que honra a Dios y el prójimo (Autor).

purificación pasiva: Esta purificación tiene la misma meta de la purificación activa, cuyos medios son únicamente de Dios [en vez de sí mismo] y solamente viene de Dios. Esta purificación es la preparación para las gracias extraordinarias de la vida sobrenatural (Autor).

radical, pecado: Véase **falta predominante**.

recogimiento: Concentración del alma en la presencia de Dios.

regla de vida: Un plan específico, generalmente documentado, para vivir acorde a su estado de vida y las promesas del Bautismo. Dicho plan incluye principios, parámetros, y compromisos que van a guiar a la persona a lograr la santidad, y maneras prácticas y concretas de amar a Dios y amar al prójimo (Autor). Un principio o norma regulatoria del accionar espiritual de una persona, prescrito por una autoridad, para el bienestar de los que son miembros de una sociedad. En este sentido los métodos organizados de vivir los consejos evangélicos se llaman "reglas," tales como la Regla de San Agustín o la Regla de San Benedicto. Una regla puede también ser una norma usual que no está necesariamente prescrita por la autoridad, si no asumida voluntariamente para regular la conducta propia para vivir de manera más efectiva moralmente o para servir de manera más efectiva a los demás.

renunciación: El abandonar algo a lo cual uno tiene derecho. Algunas renunciaciones son necesarias debidas a la ley divina. Todos tienen que renunciar al pecado y a esas criaturas que son ocasiones próximas de pecar. En esta categoría pertenece la renunciación a Satanás en el Bautismo, por la persona que se está bautizando o por el padrino/madrina de bautismo. Las renunciaciones de consejo pertenecen al ejercicio de los derechos naturales como las posesiones materiales, el matrimonio y autonomía legítima o autodeterminación, sacrificados por el amor a Dios por los que hacen votos de pobreza, castidad y obediencia.

renunciación de sí mismo: Véase **renunciación**.

reparación: El acto o el hecho de enmendarse. Implica un intento de restaurar la armonía natural preexistente al pecado u ofensa, es decir de restaurar las cosas a como fueron antes de que se hiciera algo malo. Se aplica principalmente a las pérdidas que resultaron, o el daño causado, por una acción moralmente mala. Con respecto a Dios, quiere decir la reconciliación con un amor mayor, por fallar al amor por medio del pecado. Es la restauración de lo que fue tomado injustamente y la compensación generosa por el egoísmo que causó el daño.

sequedad: Véase **aridez**.

teología ascética: La ciencia de los santos a base del estudio de sus vidas. El propósito de esta disciplina es el de producir gente santa explicándoles qué es la santidad y cómo se la puede obtener. Es la ciencia de cómo guiar las almas en los caminos de perfección cristiana por medio del crecimiento de la caridad y la práctica de la oración, que lleva a la contemplación. Es aquella rama o disciplina de la teología espiritual que se concentra en la cooperación del hombre con la gracia y la necesidad del esfuerzo humano para crecer en la santidad.

unión transformadora: El más alto nivel de perfección logrado en esta vida, marcado por una transformación total del alma en El Amado, donde Dios y el alma se dan uno al otro en la consumación máxima de amor divino (Autor; adaptada de *Spiritual Theology* [Teología Espiritual], página 350-351, Aumann, Continuum, NY, 2006).

APENDICE UNO

ESCUELAS DE DIRECCIÓN ESPIRITUAL

Programa Católico de Mentores Espirituales, Apóstoles de la Vida Interior con la Escuela de Fe, Diócesis de la Ciudad de Kansas, Kansas, EEUU

"En colaboración con la Escuela de Fe la Sagrada Familia, el Programa de Mentores Espirituales los Apóstoles de la Vida Interior es un curso de estudio de dos años que combina ocho cursos de educación a distancia con cuatro sesiones intensivas de una semana cada uno ofrecidos en residencia en el Centro Pastoral Salvador (Savior Pastoral Center) en la Ciudad de Kansas, Kansas. El programa aspira a formar mentores espirituales para servir como guías y compañeros a los demás en sus jornadas hacia la santidad. Está diseñado para Católicos que tienen un deseo de desarrollar una vida sacramental de oración profunda, un deseo de aumentar su conocimiento de la fe Católica, un deseo de crecer en las virtudes y un deseo de ayudar a los demás a hacer lo mismo." www.SchoolOfFaith.com

Programa de dirección espiritual (Servidores Marianos de la Divina Providencia, Clearwater, Florida, EEUU]

La Escuela de Espiritualidad "El Cenáculo de Nuestra Señora de la Divina Providencia" ha establecido su Programa de Dirección Espiritual en respuesta a la llamada de Cristo a la santidad personal y la necesidad de la Iglesia de tener directores espirituales bien formados para asistir al pueblo de Dios en su jornada espiritual. Como una institución reconocida del viñedo de Dios, aprobado por el Obispo de la Diócesis de St. Petersburg, Florida, y en asociación con la Universidad Franciscana de Steubenville, Ohio, este programa está diseñado para formar y entrenar candidatos sobre un periodo de dos años por medio de oración, enseñanzas y supervisión. El programa expone al estudiante a la herencia espiritual de la Iglesia y destaca la espiritualidad de San Francisco de Asís y San Ignacio de Loyola." www.DivineProvidence.org

Programa de Entrenamiento de Dirección Espiritual, (Centro Lanteri para la Espiritualidad Ignaciana, Denver, Colorado, EEUU)

El centro Lanteri, establecido por los Oblatos de la Virgen María en 2004, existe para hacer más disponibles la dirección espiritual, oración cotidiana con Las Escrituras, y los ejercicios espirituales de San Ignacio a los que buscan la santidad. El Centro Lanteri también provee oportunidades para entrenamiento y educación continuada para directores espirituales." www.LanteriCenter.org

APENDICE DOS

CARTA A LOS OBISPOS DE LA IGLESIA CATÓLICA SOBRE ALGUNOS ASPECTOS DE LA MEDITACIÓN CRISTIANA

Congregación para la Doctrina de la Fe, 15 de octubre de 1989

I. Introducción

1. El deseo de aprender a rezar de modo auténtico y profundo está vivo en muchos cristianos de nuestro tiempo, a pesar de las no pocas dificultades que la cultura moderna pone a las conocidas exigencias de silencio, recogimiento y oración. El interés que han suscitado en estos años diversas formas de meditación ligadas a algunas religiones orientales y a sus peculiares modos de oración, aun entre los cristianos, es un signo no pequeño de esta necesidad de recogimiento espiritual y de profundo contacto con el misterio divino. Sin embargo, frente a este fenómeno, también se siente en muchos sitios la necesidad de unos criterios seguros de carácter doctrinal y pastoral, que permitan educar en la oración, en cualquiera de sus manifestaciones, permaneciendo en la luz de la verdad, revelada en Jesús, que nos llega a través de la genuina tradición de la Iglesia.

La presente Carta intenta responder a esta necesidad, para que la pluralidad de formas de oración, algunas de ellas nuevas, nunca haga perder de vista su precisa naturaleza, personal y comunitaria, en las diversas Iglesias particulares. Estas indicaciones se dirigen en primer lugar a los obispos, a fin de que las hagan objeto de su solicitud pastoral en las Iglesias que les han sido confiadas y, de esta manera, se convoque a todo el pueblo de Dios —sacerdotes, religiosos y laicos— para que, con renovado vigor, oren al Padre mediante el Espíritu de Cristo nuestro Señor.

2. El contacto siempre más frecuente con otras religiones y con sus diferentes estilos y métodos de oración han llevado a que muchos fieles, en los últimos decenios, se interroguen sobre el valor que pueden tener para los cristianos formas de meditación no cristianas. La pregunta se refiere sobre todo a los métodos orientales[1]. Actualmente algunos recurren a tales métodos por motivos terapéuticos: la inquietud espiritual de una vida sometida al ritmo sofocante de la sociedad tecnológicamente avanzada, impulsa también a un cierto número de cristianos a buscar en ellos el camino de la calma interior y del equilibrio psíquico. Este aspecto psicológico no será considerado en la presente Carta, que más bien desea mostrar las implicaciones teológicas y espirituales de la cuestión. Otros cristianos, en la línea del movimiento de apertura e intercambio con religiones y culturas diversas, piensan que su misma oración puede ganar mucho con esos métodos. Al observar que no pocos métodos tradicionales de meditación, peculiares del cristianismo, en tiempos recientes han caído en desuso, éstos se preguntan: ¿no se podría enriquecer nuestro patrimonio, a través de una nueva educación en la oración, incorporando también elementos que hasta ahora eran extraños?

3. Para responder a esta pregunta, es necesario ante todo considerar, aunque sea a grandes rasgos, en qué consiste la naturaleza íntima de la oración cristiana, para ver luego si y cómo puede ser enriquecida con métodos de meditación nacidos en el contexto de religiones y culturas diversas. Para iniciar esta consideración se debe formular, en primer lugar, una premisa imprescindible: la oración cristiana está siempre determinada por la estructura de la fe cristiana, en la que resplandece la verdad misma de Dios y de la criatura. Por eso se configura, propiamente hablando, como un diálogo personal, íntimo y profundo, entre el hombre y Dios. La oración cristiana expresa, pues, la comunión de las criaturas redimidas con la vida íntima de las Personas trinitarias. En esta comunión, que se funda en el bautismo y en la eucaristía, fuente

y culmen de la vida de Iglesia, se encuentra contenida una actitud de conversión, un éxodo del yo del hombre hacia el Tú de Dios. La oración cristiana es siempre auténticamente personal individual y al mismo tiempo comunitaria; rehúye técnicas impersonales o centradas en el yo, capaces de producir automatismos en los cuales, quien la realiza, queda prisionero de un espiritualismo intimista, incapaz de una apertura libre al Dios trascendente. En la Iglesia, la búsqueda legítima de nuevos métodos de meditación deberá siempre tener presente que el encuentro de dos libertades, la infinita de Dios con la finita del hombre, es esencial para una oración auténticamente cristiana.

II. La oración cristiana a la luz de la revelación

4. La misma Biblia enseña cómo debe rezar el hombre que recibe la revelación bíblica. En el Antiguo Testamento se encuentra una maravillosa colección de oraciones, mantenida viva a lo largo de los siglos en la Iglesia de Jesucristo, que se ha convertido en la base de la oración oficial: el Libro de los Salmos o Salterio[2]. Oraciones del tipo de los Salmos aparecen ya en textos más antiguos o resuenan en aquellos más recientes del Antiguo Testamento[3]. Las oraciones del *Libro de los Salmos* narran sobre todo las grandes obras de Dios con el pueblo elegido. Israel medita, contempla y hace de nuevo presentes las maravillas de Dios, recordándolas a través de la oración.

En la revelación bíblica, Israel llega a reconocer y alabar a Dios presente en toda la creación y en el destino de cada hombre. Le invoca, por ejemplo, como auxiliador en el peligro y la enfermedad, en la persecución y en la tribulación. Por último, siempre a la luz de sus obras salvíficas, le alaba en su divino poder y bondad, en su justicia y misericordia, en su infinita majestad.

5. En el Nuevo Testamento, la fe reconoce en Jesucristo —gracias a sus palabras, a sus obras, a su Pasión y Resurrección— la definitiva autorrevelación de Dios, la Palabra encarnada que revela las profundidades más íntimas de su amor. El Espíritu Santo hace penetrar

en estas profundidades de Dios: enviado en el corazón de los creyentes, «todo lo sondea, hasta las profundidades de Dios» (1 Cor 12). El Espíritu, según la promesa de Jesús a los discípulos, explicará todo lo que Cristo no podía decirles todavía. Pero el Espíritu «no hablará por su cuenta, ... sino que me dará gloria, porque recibirá de lo mío y os lo comunicará a vosotros» (Jn 16, 13 s.). Lo que Jesús llama aquí «suyo» es, como explica a continuación, también de Dios Padre, porque «todo lo que tiene el Padre es mío. Por eso he dicho: Recibirá de lo mío y os lo comunicará a vosotros» (Jn 16, 15).

Los autores del Nuevo Testamento, con pleno conocimiento, han hablado siempre de la revelación de Dios en Cristo dentro de una visión iluminada por el Espíritu Santo. Los Evangelios sinópticos narran las obras y las palabras de Jesucristo sobre la base de una comprensión más profunda, adquirida después de la Pascua, de lo que los discípulos habían visto y oído; todo el evangelio de Juan está iluminado por la contemplación de Aquel que, desde el principio, es el Verbo de Dios hecho carne; el apóstol Pablo, al que el Señor Jesús se apareció en el camino de Damasco en su majestad divina, intenta educar a los fieles para que puedan «comprender con todos los santos cuál es la anchura y la longitud, la altura y la profundidad (del Misterio de Cristo) y conocer el amor de Cristo, que excede a todo conocimiento», para que se vayan llenando «hasta la total Plenitud de Dios» (Ef 3, 18 s.); el Apóstol confiesa que el «Misterio de Dios es Cristo, en el cual están ocultos todos los tesoros de la sabiduría y de la ciencia» (Col 2, 3) y —precisa—: «Os digo esto para que nadie os seduzca con discursos capciosos» (v. 4).

6. Existe, por tanto, una estrecha relación entre la revelación y la oración. La constitución dogmática *Dei Verbum* nos enseña que, mediante su revelación, Dios invisible, «movido de amor, habla a los hombres como amigos (cf. Ex 33, 11; Jn 15, 14-15), trata con ellos (cf. Bar 3, 38) para invitarlos y recibirlos en su compañía»[4].

Esta revelación se ha realizado a través de palabras y de obras que remiten siempre, recíprocamente, las unas a las otras; desde el principio y de continuo todo converge hacia Cristo, plenitud de la revelación y de la gracia, y hacia el don del Espíritu Santo que hace al hombre capaz de recibir y contemplar las palabras y las obras de Dios, y de darle gracias y adorarle, en la asamblea de los fieles y en la intimidad del propio corazón iluminado por la gracia divina.

Por este motivo la Santa Iglesia recomienda siempre la lectura de la Palabra de Dios como fuente de la oración cristiana; al mismo tiempo, exhorta a descubrir el sentido profundo de la Sagrada Escritura mediante la oración «para que se realice el diálogo de Dios con el hombre, pues "a Dios hablamos cuando oramos, a Dios escuchamos cuando leemos sus palabras"»[5].

7. De cuanto se ha recordado se siguen inmediatamente algunas consecuencias. Si la oración del cristiano debe inserirse en el movimiento trinitario de Dios, también su contenido esencial deberá necesariamente estar determinado por la doble dirección de ese movimiento: en el Espíritu Santo, el Hijo viene al mundo para reconciliarlo con el Padre, a través de sus obras y de sus sufrimientos; por otro lado, en el mismo movimiento y en el mismo Espíritu, el Hijo encarnado vuelve al Padre, cumpliendo su voluntad mediante la Pasión y la Resurrección. El «Padrenuestro», la oración de Jesús, indica claramente la unidad de este movimiento: la voluntad del Padre debe realizarse en la tierra como en el cielo (las peticiones de pan, de perdón, de protección, explicitan las dimensiones fundamentales de la voluntad de Dios hacia nosotros) para que una nueva tierra viva y crezca en la Jerusalén celestial.

La oración del Señor Jesús[6] ha sido entregada a la Iglesia («así debéis rezar vosotros», Mt 6, 9); por esto, la oración cristiana, incluso hecha en soledad, tiene lugar siempre dentro de aquella «comunión de los santos» en la cual y con la cual se reza, tanto en forma pública y litúrgica como en forma privada. Por tanto, debe realizarse siempre en el espíritu auténtico de la Iglesia en oración y, como consecuencia, bajo su guía, que puede concretarse a veces en una dirección espiritual experimentada. El cristiano, también cuando está solo y ora en secreto, tiene la convicción de rezar siempre en unión con Cristo, en el Espíritu Santo, junto con todos los santos para el bien de la Iglesia[7].

III. Modos erróneos de hacer oración

8. Ya en los primeros siglos se insinuaron en la Iglesia modos erróneos de hacer oración, de los cuales se encuentran trazas en algunos textos del Nuevo Testamento (cf. 1 Jn 4, 3; 1 Tim 1, 3-7 y 4, 3-4). Poco después, aparecen dos desviaciones fundamentales de las que se ocuparon los Padres de la Iglesia: la pseudognosis y el mesalianismo. De esa primitiva experiencia cristiana y de la actitud de los Padres se puede aprender mucho para afrontar los problemas presentes.

Contra la desviación de la pseudognosis[8], los Padres afirman que la materia ha sido creada por Dios y, como tal, no es mala. Además sostienen que la gracia, cuyo principio es siempre el Espíritu Santo, no es un bien natural del alma, sino que debe implorarse a Dios como don. Por esto, la iluminación o conocimiento superior del Espíritu —«gnosis»— no hace superflua la fe cristiana. Por último, para los Padres, el signo auténtico de un conocimiento superior, fruto de la oración, es siempre la caridad cristiana.

9. Si la perfección de la oración cristiana no puede valorarse por la sublimidad del conocimiento gnóstico, tampoco puede serlo en relación con la experiencia de lo divino, como propone el mesalianismo[9]. Los falsos carismáticos del siglo IV identificaban la gracia del Espíritu Santo con la experiencia psicológica de su presencia en el alma. Contra éstos, los Padres insistieron en que la unión del alma orante con Dios tiene lugar en el misterio; en particular, por medio de los sacramentos de la Iglesia, y además esta unión puede realizarse también a través de experiencias de aflicción e incluso de desolación; contrariamente a la opinión de los mesalianos, éstas no son necesariamente un signo de que el Espíritu ha abandonado el alma, sino que, como siempre han reconocido los maestros espirituales, pueden ser una participación auténtica del estado

de abandono de nuestro Señor en la cruz, el cual permanece siempre como Modelo y Mediador de la oración[10].

10. Ambas formas de error continúan siendo una tentación para el hombre pecador, al que instigan para que trate de suprimir la distancia que separa la criatura del Creador, como algo que no debería existir; para que considere el camino de Cristo sobre la tierra, por el que Él nos quiere conducir al Padre, como una realidad superada; para que degrade o equipare al nivel de la psicología natural, como «conocimiento superior» o «experiencia», lo que se da como pura gracia.

Estas formas erróneas, que resurgen esporádicamente a lo largo de la historia al margen de la oración de la Iglesia, parecen hoy impresionar nuevamente a muchos cristianos, al presentarse como un remedio psicológico y espiritual, y como rápido procedimiento para encontrar a Dios[11].

11. Pero estas formas erróneas, donde quiera que surjan, pueden ser descubiertas de modo muy sencillo. La meditación cristiana busca captar, en las obras salvíficas de Dios, en Cristo, Verbo encarnado, y en el don de su Espíritu, la profundidad divina, que se revela en el mismo Cristo siempre a través de la dimensión humana y terrena. Por el contrario, en aquellos métodos de meditación, incluso cuando se parte de palabras y hechos de Jesús, se busca prescindir lo más posible de lo que es terreno, sensible y conceptualmente limitado, para subir o sumergirse en la esfera de lo divino, que, en cuanto tal, no es ni terrestre, ni sensible, ni conceptualizable[12]. Esta tendencia, presente ya en la tardía religiosidad griega (sobre todo en el «neoplatonismo»), se vuelve a encontrar en la base de la inspiración religiosa de muchos pueblos, en cuanto que reconocieron el carácter precario de sus representaciones de lo divino y de sus tentativas de acercarse a él.

12. Con la actual difusión de los métodos orientales de meditación en el mundo cristiano y en las comunidades eclesiales, nos encontramos ante un poderoso intento, no exento de riesgos y errores, de mezclar la

meditación cristiana con la no cristiana. Las propuestas en este sentido son numerosas y más o menos radicales: algunas utilizan métodos orientales con el único fin de conseguir la preparación psicofísica para una contemplación realmente cristiana; otras van más allá y buscan originar, con diversas técnicas, experiencias espirituales análogas a las que se mencionan en los escritos de ciertos místicos católicos[13]; otras incluso no temen colocar aquel absoluto sin imágenes y conceptos, propio de la teoría budista[14], en el mismo plano de la majestad de Dios, revelada en Cristo, que se eleva por encima de la realidad finita; para tal fin, se sirven de una «teología negativa» que trascienda cualquier afirmación que tenga algún contenido sobre Dios, negando que las criaturas del mundo puedan mostrar algún vestigio, ni siquiera mínimo, que remita a la infinitud de Dios. Por esto, proponen abandonar no sólo la meditación de las obras salvíficas que el Dios de la Antigua y Nueva Alianza ha realizado en la historia, sino también la misma idea de Dios, Uno y Trino, que es Amor, en favor de una inmersión «en el abismo indeterminado de la divinidad»[15].

Estas propuestas u otras análogas de armonización entre meditación cristiana y técnicas orientales deberán ser continuamente examinadas con un cuidadoso discernimiento de contenidos y de métodos, para evitar la caída en un pernicioso sincretismo.

IV. El camino cristiano de la unión con Dios

13. Para encontrar el justo «camino» de la oración, el cristiano debe considerar lo que se ha dicho precedentemente a propósito de los rasgos relevantes del camino de Cristo, cuyo «alimento es hacer la voluntad del que (le) ha enviado y llevar a cabo su obra» (Jn 4, 34). El Señor Jesús no tiene una unión más interior y más estrecha con el Padre que ésta, por la cual permanece continuamente en una profunda oración; pues la voluntad del Padre lo envía a los hombres, a los pecadores; más aún, a los que le matarán; y no se puede unir más íntimamente al Padre que obedeciendo a esa voluntad. Sin embargo, eso de ninguna manera

impide que, en el camino terreno, se retire también a la soledad para orar, para unirse al Padre y recibir de Él nuevo vigor para su misión en el mundo. Sobre el Tabor, donde su unión con el Padre aparece de manera manifiesta, se predice su Pasión (cf. Lc 9, 31) y allí ni siquiera se considera el deseo de permanecer en «tres tiendas» sobre el monte de la Transfiguración. Toda oración contemplativa cristiana remite constantemente al amor del prójimo, a la acción y a la pasión, y, precisamente de esa manera, acerca más a Dios.

14. Para aproximarse a ese misterio de la unión con Dios, que los Padres griegos llamaban divinización del hombre, y para comprender con precisión las modalidades en que se realiza, es preciso ante todo tener presente que el hombre es esencialmente criatura[16] y como tal permanecerá para siempre, de manera que nunca será posible una absorción del yo humano en el Yo divino, ni siquiera en los más altos estados de gracia. Pero se debe reconocer que la persona humana es creada «a imagen y semejanza» de Dios, y el arquetipo de esta imagen es el Hijo de Dios, en el cual y para el cual hemos sido creados (cf. Col 1, 16). Ahora bien, este arquetipo nos descubre el más grande y bello misterio cristiano: el Hijo es desde la eternidad «otro» respecto al Padre, y, sin embargo, en el Espíritu Santo, es «de la misma sustancia»: por consiguiente, el hecho de que haya una alteridad no es un mal, sino más bien el máximo de los bienes. Hay alteridad en Dios mismo, que es una sola naturaleza en tres Personas y hay alteridad entre Dios y la criatura, que son por naturaleza diferentes. Finalmente, en la sagrada eucaristía, como también en los otros sacramentos —y análogamente en sus obras y palabras—, Cristo se nos da a sí mismo y nos hace partícipes de su naturaleza divina[17], sin que destruya nuestra naturaleza creada, de la que él mismo participa con su encarnación.

15. Si se consideran en conjunto estas verdades, se descubre, con gran sorpresa, que en la realidad cristiana se cumplen, por encima de cualquier medida, todas las aspiraciones presentes en la oración de las otras religiones, sin que, como consecuencia, el yo personal y su

condición de criatura se anulen y desaparezcan en el mar del Absoluto. «Dios es Amor» (1 Jn 4, 8): esta afirmación profundamente cristiana puede conciliar la unión perfecta con la alteridad entre amante y amado, el eterno intercambio con el eterno diálogo. Dios mismo es este eterno intercambio, y nosotros podemos verdaderamente convertirnos en partícipes de Cristo, como «hijos adoptivos», y gritar con el Hijo en el Espíritu Santo: «Abba, Padre». En este sentido, los Padres tienen toda la razón al hablar de divinización del hombre que, incorporado a Cristo Hijo de Dios por naturaleza, se hace, por su gracia, partícipe de la naturaleza divina, «hijo en el Hijo». El cristiano, al recibir al Espíritu Santo, glorifica al Padre y participa realmente en la vida trinitaria de Dios.

V. Cuestiones de método

16. La mayor parte de las grandes religiones que han buscado la unión con Dios en la oración han indicado también caminos para conseguirla. Como «la Iglesia católica nada rechaza de lo que, en estas religiones, hay de verdadero y santo»[18], no se deberían despreciar sin previa consideración estas indicaciones, por el mero hecho de no ser cristianas. Se podrá, al contrario, tomar de ellas lo que tienen de útil, a condición de mantener la concepción cristiana de la oración, su lógica y sus exigencias, porque sólo dentro de esta totalidad esos fragmentos podrán ser reformados y asumidos. Entre éstos, se puede enumerar en primer lugar la humilde aceptación de un maestro experimentado en la vida de oración que conozca sus normas, según la conocida y constante experiencia de los cristianos desde los tiempos antiguos, ya en la época de los Padres del desierto. Este maestro, experto en el «sentire cum ecclesia», debe no sólo dirigir y llamar la atención sobre ciertos peligros, sino también, como «padre espiritual», introducir con espíritu encendido, de corazón a corazón, por así decir, en la vida de oración, que es don del Espíritu Santo.

17. El final de la Antigüedad no cristiana distinguía tres estados en la vida de perfección: el primero, de la purificación; el secundo, de la

iluminación, y el tercero, de la unión. Esta doctrina ha servido de modelo para muchas escuelas de espiritualidad cristiana. Este esquema, en sí mismo válido, necesita sin embargo algunas precisiones que permitan su correcta interpretación cristiana, evitando peligrosas confusiones y malentendidos.

18. La búsqueda de Dios mediante la oración debe ser precedida y acompañada de la ascesis y de la purificación de los propios pecados y errores, porque, según la palabra de Jesús, solamente «los limpios de corazón verán a Dios» (Mt 5, 8). El Evangelio señala sobre todo una purificación moral de la falta de verdad y de amor y, sobre un plano más profundo, de todos los instintos egoístas que impiden al hombre reconocer y aceptar la voluntad de Dios en toda su integridad. En contra de lo que pensaban los estoicos y neoplatónicos, las pasiones no son, en sí mismas, negativas, sino que es negativa su tendencia egoísta y, por tanto, el cristiano debe liberarse de ella para llegar a aquel estado de libertad positiva que la Antigüedad cristiana llama «apatheia», el Medioevo «impassibilitas» y los Ejercicios Espirituales ignacianos «indiferencia»[19]. Esto es imposible sin una radical abnegación, como se ve también en San Pablo, que usa abiertamente la palabra «mortificación» (de las tendencias pecaminosas) [20]. Sólo esta abnegación hace al hombre libre para realizar la voluntad de Dios y participar en la libertad del Espíritu Santo.

19. Por consiguiente, la doctrina de aquellos maestros que recomiendan «vaciar» el espíritu de toda representación sensible y de todo concepto, deberá ser correctamente interpretada, manteniendo sin embargo una actitud de amorosa atención a Dios, de tal forma que permanezca, en la persona que hace oración, un vacío susceptible de llenarse con la riqueza divina. El vacío que Dios exige es el rechazo del propio egoísmo, no necesariamente la renuncia a las cosas creadas que nos ha dado y entre las cuales nos ha colocado. No hay duda de que en la oración hay que concentrarse enteramente en Dios y excluir lo más posible aquellas cosas de este mundo que nos encadenan a nuestro egoísmo. En este

punto, San Agustín es un maestro insigne. Si quieres encontrar a Dios, dice, desprecia el mundo exterior y entra en ti mismo; sin embargo, prosigue, no te quedes allí, sino sube por encima de ti mismo, porque tú no eres Dios: Él es más profundo y grande que tú. «Busco en mi alma su sustancia y no la encuentro; sin embargo, he meditado en la búsqueda de Dios y, empujado hacia Él a través de las cosas creadas, he intentado conocer sus "perfecciones invisibles" (Rm 1, 20)»[21]. «Quedarse en sí mismo»: he aquí el verdadero peligro. El gran Doctor de la Iglesia recomienda concentrarse en sí mismo, pero también trascender el yo que no es Dios, sino sólo una criatura. Dios es «interior intimo meo, et superior summo meo»[22]. Efectivamente, Dios está en nosotros y con nosotros, pero nos trasciende en su misterio[23].

20. Desde el punto de vista dogmático, es imposible llegar al amor perfecto de Dios si se prescinde de su autodonación en el Hijo encarnado, crucificado y resucitado. En Él, bajo la acción del Espíritu Santo, participamos, por pura gracia, de la vida intradivina. Cuando Jesús dice: «El que me ha visto a mí ha visto al Padre» (Jn 14, 9), no se refiere simplemente a la visión y al conocimiento exterior de su figura humana («la carne no sirve para nada», Jn 6, 63). Lo que entiende con ello es más bien un «ver» hecho posible por la gracia de la fe: ver a través de su manifestación sensible lo que el Señor Jesús, como Verbo del Padre, quiere verdaderamente mostrarnos de Dios («El Espíritu es el que da la vida [...]; las palabras que os he dicho son espíritu y vida», ibid.). En este «ver» no se trata de una abstracción puramente humana («abs-tractio») de la figura en la que Dios se ha revelado, sino de captar la realidad divina en la figura humana de Jesús, de captar su dimensión divina y eterna en su temporalidad. Como dice San Ignacio en los *Ejercicios Espirituales*, deberíamos intentar captar «la infinita suavidad y dulzura de la divinidad» (n. 124), partiendo de la finita verdad revelada en la que habíamos comenzado. Mientras nos eleva, Dios libremente puede «vaciarnos» de todo lo que nos ata en este mundo, de atraernos completamente a la vida trinitaria de su caridad eterna. Sin embargo,

este don puede ser concedido sólo «en Cristo a través del Espíritu Santo» y no por nuestras propias fuerzas, prescindiendo de su revelación.

21. En el camino de la vida cristiana, después de la purificación sigue la iluminación mediante la caridad que el Padre nos da en el Hijo y la unción que de Él recibimos en el Espíritu Santo (cf. 1 Jn 2, 20). Desde la antigüedad cristiana se hace referencia a la «iluminación» recibida en el bautismo. Ésta introduce a los fieles, iniciados en los divinos misterios, en el conocimiento de Cristo, mediante la fe que opera por medio de la caridad. Es más, algunos escritores eclesiásticos hablan explícitamente de la iluminación recibida en el bautismo como fundamento de aquel sublime conocimiento de Cristo Jesús (cf. Flp 3, 8) que viene definido como «theoria» o contemplación[24].

Los fieles, por la gracia del bautismo, están llamados a progresar en el conocimiento y en el testimonio de las misterios de la fe, «por la comprensión interior de las realidades espirituales que experimentan»[25]. Ninguna luz divina hace que las verdades de la fe queden superadas. Por el contrario, las eventuales gracias de iluminación que Dios pueda conceder ayudan a aclarar la dimensión más profunda de los misterios confesados y celebrados por la Iglesia, en espera de que el cristiano pueda contemplar a Dios en la gloria tal y como es (cf. 1 Jn 3, 2).

22. Finalmente, el cristiano que hace oración puede llegar, si Dios lo quiere, a una experiencia particular de unión. Los sacramentos, sobre todo el bautismo y la eucaristía[26], son el comienzo real de la unión del cristiano con Dios. Sobre este fundamento, por una especial gracia del Espíritu, quien ora puede ser llamado a aquel particular tipo de unión con Dios que, en el ámbito cristiano, viene calificado como mística.

23.Ciertamente, el cristiano tiene necesidad de determinados tiempos para retirarse en la soledad, para meditar y para encontrar su camino en Dios; pero, dado su carácter de criatura, y de criatura consciente de no estar seguro sino por la gracia, su modo de acercarse a Dios no se fundamenta en una técnica, en el sentido estricto de la palabra, porque esto iría en contra de la infancia espiritual que predica el Evangelio. La auténtica mística cristiana nada tiene que ver con la técnica: es siempre un don de Dios, del cual se siente indigno quien lo recibe[27].

24. Hay determinadas gracias místicas, por ejemplo, las conferidas a los fundadores de instituciones eclesiales en favor de toda su fundación, así como a otros santos, que caracterizan su peculiar experiencia de oración y no pueden, como tales, ser objeto de imitación y aspiración para otros fieles, aunque pertenezcan a la misma institución y estén deseosos de una oración siempre más perfecta[28]. Pueden existir diversos niveles y modalidades de participación en la experiencia de oración de un fundador, sin que a todos deba ser conferida con idénticas características. Por otra parte, la experiencia de oración, que ocupa un puesto privilegiado en todas las instituciones auténticamente eclesiales antiguas y modernas, constituyen siempre, en último término, algo personal, ya que Dios da sus gracia a la persona en orden a la oración.

25. A propósito de la mística, se debe distinguir entre los dones del Espíritu Santo y los carismas concedidos en modo totalmente libre por Dios. Los primeros son algo que todo cristiano puede reavivar en sí mismo a través de una vida solícita de fe, de esperanza y de caridad y, de esa manera, llegar a una cierta experiencia de Dios y de los contenidos de la fe, por medio de una seria ascesis; en cuanto a los carismas, san Pablo dice que existen sobre todo en favor de la Iglesia, de los otros miembros del Cuerpo místico de Cristo (cf. 1 Cor 12, 7). Al respecto hay que recordar, por una parte, que los carismas no se pueden identificar con los dones extraordinarios «místicos» (cf. Rm 12, 3-21); por otra, que la distinción entre «dones del Espíritu Santo» y «carismas» no es tan estricta. Un carisma fecundo para la Iglesia no puede ejercitarse, en el ámbito neotestamentario, sin un determinado grado de perfección personal; por otra parte, todo cristiano «vivo» posee una tarea peculiar (y en este sentido un «carisma») «para la edificación del Cuerpo de Cristo» (cf. Ef 4, 15-16)[29], en comunión con la jerarquía católica, a la cual

«compete ante todo no sofocar el Espíritu, sino probarlo todo y retener lo que es bueno» (LG 12).

VI. Métodos psicofísicos-corpóreos

26. La experiencia humana demuestra que la posición y la actitud del cuerpo no dejan de tener influencia sobre el recogimiento y la disposición del espíritu, por lo cual algunos escritores espirituales del Oriente y del Occidente cristiano le han prestado atención.

Sus reflexiones, aun presentando puntos en común con los métodos orientales no cristianos de meditación, evitan aquellas exageraciones o visiones unilaterales que, en cambio, con frecuencia se proponen hoy día a personas insuficientemente preparadas.

Los autores espirituales han adoptado aquellos elementos que facilitan el recogimiento en la oración, reconociendo al mismo tiempo su valor relativo: son útiles si se conforman y se orientan a la finalidad de la oración cristiana[30]. Por ejemplo, el ayuno cristiano posee ante todo el significado de un ejercicio de penitencia y de abstinencia, pero, ya para los Padres, estaba también orientado a hacer más disponible al hombre para el encuentro con Dios y al cristiano más capaz de dominio de sí mismo y, simultáneamente, más atento a los hermanos necesitados.

En la oración, el hombre entero debe entrar en relación con Dios y, por consiguiente, también su cuerpo debe adoptar la postura más propicia al recogimiento[31]. Tal posición puede expresar simbólicamente la misma oración, variando según las culturas y la sensibilidad personal. En algunos lugares, los cristianos están adquiriendo hoy una mayor conciencia de cómo puede favorecer la oración una determinada actitud del cuerpo.

27. La meditación cristiana de Oriente[32] ha valorizado el simbolismo psicofísico, que a menudo falta en la oración de Occidente. Este simbolismo puede ir desde una determinada actitud corpórea hasta las funciones vitales fundamentales, como la respiración o el latido cardíaco. El

ejercicio de la «oración del Señor Jesús» por ejemplo, que se adapta al ritmo respiratorio natural, puede, al menos por un cierto tiempo, servir de ayuda real para muchos[33]. Por otra parte, los mismos maestros orientales han constatado también que no todos son igualmente idóneos para hacer uso de este simbolismo, porque no todas las personas están en condiciones de pasar del signo material a la realidad espiritual que se busca. El simbolismo, comprendido en modo inadecuado e incorrecto, puede incluso convertirse en un ídolo y, como consecuencia, en un impedimento para la elevación del espíritu a Dios. Vivir en el ámbito de la oración toda la realidad del propio cuerpo como símbolo es todavía más difícil: puede degenerar en un culto al mismo y hacer que se identifiquen subrepticiamente todas sus sensaciones con experiencias espirituales.

28. Algunos ejercicios físicos producen automáticamente sensaciones de quietud o de distensión, sentimientos gratificantes y, quizá, hasta fenómenos de luz y calor similares a un bienestar espiritual. Confundirlos con auténticas consolaciones del Espíritu Santo sería un modo totalmente erróneo de concebir el camino espiritual; atribuirles significados simbólicos típicos de la experiencia mística, cuando la actitud moral del interesado no se corresponde con ella, representaría una especie de esquizofrenia mental que puede conducir incluso a disturbios psíquicos y, en ocasiones, a aberraciones morales.

Esto no impide que auténticas prácticas de meditación provenientes del Oriente cristiano y de las grandes religiones no cristianas, que ejercen un atractivo sobre el hombre de hoy, alienado y turbado, puedan constituir un medio adecuado para ayudar a la persona que hace oración a estar interiormente distendida delante de Dios, aunque le urjan las solicitaciones exteriores.

Sin embargo, es preciso recordar que la unión habitual con Dios, o esa actitud de vigilancia interior y de invocación de la ayuda divina que en el Nuevo Testamento viene llamada la «oración continua»[34], no se interrumpe necesariamente ni siquiera cuando hay que dedicarse, según la voluntad de Dios, al trabajo y al cuidado del prójimo, según exhorta el Apóstol: «Ya comáis, ya bebáis o hagáis cualquier otra cosa, hacedlo todo para gloria de Dios» (1 Cor 10, 31). Efectivamente, la oración auténtica, como sostienen los grandes maestros espirituales, suscita en los que la practican una ardiente caridad que los empuja a colaborar en la misión de la Iglesia y al servicio de sus hermanos para mayor gloria de Dios[35].

VII. «Yo soy el camino»

29. Todo fiel debe buscar y puede encontrar el propio camino, el propio modo de hacer oración, en la variedad y riqueza de la oración cristiana enseñada por la Iglesia; pero todos estos caminos personales confluyen, al final, en aquel camino al Padre, que Jesucristo ha proclamado que es Él mismo. En la búsqueda del propio camino, cada uno se dejará, pues, conducir no tanto por sus gustos personales cuanto por el Espíritu Santo, que le guía, a través de Cristo, al Padre.

30. En todo caso, para quien se empeña seriamente vendrán tiempos en los que le parecerá vagar en un desierto sin «sentir» nada de Dios a pesar de todos sus esfuerzos. Debe saber que estas pruebas no se le ahorran a ninguno que tome en serio la oración. Pero no debe identificar inmediatamente esta experiencia, común a todos los cristianos que rezan, con la «noche oscura» mística. De todas maneras, en aquellos períodos debe esforzarse firmemente por mantener la oración, que, aunque podrá darle la impresión de una cierta «artificiosidad», se trata en realidad de algo completamente diverso: es precisamente entonces cuando la oración constituye una expresión de su fidelidad a Dios, en presencia del cual quiere permanecer incluso a pesar de no ser recompensado por ninguna consolación subjetiva.

En esos momentos aparentemente negativos se muestra lo que busca realmente quien hace oración: si busca a Dios, que, en su infinita libertad, siempre lo supera, o si se busca sólo a sí mismo, sin lograr ir más allá de las propias «experiencias», ya le parezcan experiencias positivas de unión con Dios, ya le parezcan negativas de «vacío» místico.

31. La caridad de Dios, único objeto de la contemplación cristiana, es una realidad de la cual uno no se puede «apropiar» con ningún método o técnica: es más, debemos tener siempre la mirada fija en Jesucristo, en quien la caridad divina ha llegado por nosotros a tal punto sobre la cruz, que también Él ha asumido para sí la condición de abandonado por el Padre (cf. Mc 15, 34). Debemos, pues, dejar decidir a Dios la manera con que quiere hacernos partícipes de su amor. Pero no debemos intentar jamás, en modo alguno, ponernos al mismo nivel del objeto contemplado, el amor libre de Dios, ni siquiera cuando, por la misericordia de Dios Padre, mediante el Espíritu Santo enviado a nuestros corazones, se nos da gratuitamente en Cristo un reflejo sensible de este amor divino y nos sentimos como atraídos por la verdad, la bondad y la belleza del Señor.

Cuanto más se le concede a una criatura acercarse a Dios, tanto más crece en ella la reverencia delante del Dios tres veces Santo. Se comprende entonces la palabra de san Agustín: «Tú puedes llamarme amigo, yo me reconozco siervo»[36], o bien la palabra, para nosotros aún más familiar, pronunciada por aquella a quien Dios ha gratificado con la mayor y más alta familiaridad: «Ha puesto los ojos en la pequeñez de su esclava» (Lc 1, 48).

El Sumo Pontífice Juan Pablo II, durante una audiencia concedida al infrascrito Cardenal Prefecto, ha aprobado esta carta, decidida en reunión plenaria de la Congregación para la Doctrina de la Fe, y ha ordenado su publicación.

Roma, en la sede de la Congregación para la Doctrina de la Fe, el día 15 de octubre de 1989, fiesta de Santa Teresa de Jesús.

JOSEPH Cardenal RATZINGER Prefecto

ALBERTO BOVONE Arzobispo Titular de Cesárea en la Secretaría de Numidia

Notas

[1] Con la expresión "métodos orientales" se entienden métodos inspirados en el Hinduismo y el Budismo, como el "Zen", la "meditación trascendental" o el "Yoga". Se trata, pues, de métodos de meditación del Extremo Oriente no cristianos que, no pocas veces hoy día, son utilizados también por algunos cristianos en su meditación. La orientación de los principios y de los métodos contenidos en el presente documento, desean ser un punto de referencia no sólo para este problema, sino también, más en general, para las diversas formas de oración practicadas en las realidades eclesiásticas, particularmente en las asociaciones, movimientos y grupos.

[2] La pseudognosis consideraba la materia como algo impuro, degradado, que envolvía el alma en una ignorancia de la que debía librarse por la oración; de esa manera, el alma se elevaba al verdadero conocimiento superior y, por tanto, a la pureza. Ciertamente, no todos podían conseguirlo, sino sólo los hombres verdaderamente espirituales; para los simples creyentes bastaban la fe y la observancia de los mandamientos de Cristo.

[3] En la Edad Media existían corrientes extremistas al margen de la Iglesia, descritas, no sin ironía, por uno de los grandes contemplativos cristianos, el flamenco Jan Van Ruysbroek. Distingue este en la vida mística tres tipos de desviación (Die gheestelike Brulocht 228, 12-230, 17; 230, 18 - 232, 22; 232, 23 - 236, 6) y hace también una crítica general referida a estas formas (236, 7 - 237, 29). Más tarde, técnicas semejantes han sido descritas y rechazadas por Sta. Teresa de Jesús. Observa ésta agudamente que " el mismo cuidado que se pone en no pensar en nada despertará la inteligencia a pensar mucho " y que dejar de lado el misterio de Cristo en la meditación cristiana es siempre una especie de " traición " (Véase: Sta. Teresa de Jesús, Vida 12, 5 y 22, 1-5).

[4] Mostrando a toda la Iglesia el ejemplo y la doctrina de Santa Teresa de Jesús, que en su tiempo debió rechazar la tentación de ciertos métodos que invitaban a prescindir de la Humanidad de Cristo en favor de una inmersión vaga en el abismo de la divinidad. El Papa Juan Pablo II decía en una homilía del 1-XI-1982 que el grito de Teresa de Jesús en favor de una oración enteramente centrada en Cristo " vale también en nuestros días contra algunas técnicas de oración que no se inspiran en el Evangelio y que prácticamente tienden a prescindir de Cristo, en favor de un vacío mental que dentro del cristianismo no tiene sentido. Toda técnica de oración es válida en cuanto se inspira en Cristo y conduce a Cristo, el Camino, la Verdad y la Vida" (cfe. Jn 14, 6). Véase: *Homelia Abulae habita in honorem Sanctae Teresiae*, AAA 75 (1983), 256-257.

[5] Véase, por ejemplo " La nube de la ignorancia ", obra espiritual de un escritor anónimo inglés del siglo XIV.

[6] El concepto " nirvana " se entiende en los textos religiosos del budismo, como un estado de quietud que consiste en la anulación de toda realidad concreta por ser transitoria y, precisamente por eso, decepcionante y dolorosa.

[7] El Maestro Eckhart habla de una inmersión " en el abismo indeterminado de la divinidad " que es una " tiniebla en la cual la luz de la Trinidad nunca ha resplandecido". Cfr. *Sermo "Ave gratia plena"*, al final , (J. Quint, Deutsche Predigten und Traktate, Hanser 1955, p. 261).

[8] Cfr. Cost. past. Gaudium et spes n. 19, 1: "La razón más alta de la dignidad humana consiste en la vocación del hombre a la unión con Dios. Desde su mismo nacimiento, el hombre es invitado al diálogo con Dios. Existe pura y simplemente por el amor de Dios, que lo creó, y por el amor de Dios que lo conserva. Y sólo puede decir que vive en la plenitud de la verdad cuando reconoce libremente ese amor y se confía por entero a su Creador".

[9] Como escribe Santo Tomás a propósito de la eucaristía: "*...proprius effectus huius sacramenti est conversio hominis in Christum, ut dicat cum Apostolo: Vivo ego, iam non ego; vivit vero in me Christus* (Gal 2, 20)" (In IV Sent., d. 12 q. 2 a. 1).

[10] El sentido cristiano positivo del " vaciamiento" de las criaturas, resplandece de forma ejemplar en el Pobrecito de Asís. San Francisco, precisamente porque ha renunciado a ellas por amor del Señor, las ve llenas de su presencia y resplandecientes en su dignidad de criaturas de Dios y entona la secreta melodía de su ser en el Cántico de las criaturas (Cfr. C. *Esser, Opuscula sancti Patris Francisci Assisiensis*, Ed. Ad Claras aquas Grottaferrata (Roma) 1978, pp. 83-86; (en castellano, puede encontrarse en : San Francisco de Asís. Escritos completos y biografías primitivas. La Editorial Católica (Madrid) 1956, p. 71). En el mismo sentido escribe en la "Carta a todos los fieles": " Toda criatura que hay en el cielo y en la tierra, en el mar y los abismos (Ap 5, 13), rinda a Dios alabanzas, gloria, honor y bendición, pues El es nuestra virtud y fortaleza; El sólo es bueno (Lc 18, 19), El sólo altísimo, omnipotente, admirable, glorioso; sólo El santo, digno de ser alabado y bendecido por los siglos de los siglos. Amén". (Ibid, Opúscula... 124). San Buenaventura hace notar cómo Francisco percibía en cada criatura la huella de Dios y derramaba su alma en el gran himno del reconocimiento y alabanza (cfr. Legenda S. Francisci, cap. 9 n 1, en <*Opera omnia, ed. Quarachi* 1898, Vol. VIII, p. 530>; traducción al castellano en: San Francisco... p. 586).

[11] Nadie que haga oración, aspirará, sin una gracia especial, a una visión global de la revelación de Dios como s. Gregorio Magno reconoce en S. Benito, o al impulso místico con el que S. Francisco de Asís contemplaba a Dios en todas sus criaturas, o a una visión también global, como la que tuvo S. Ignacio en el río Cardoner y de la cual afirma que, en el fondo, habría podido tomar para él el puesto de la Sagrada Escritura. La "noche obscura" descrita por S. Juan de la Cruz, es parte de su carisma de oración personal: no es preciso que todos los miembros de su orden la vivan de la misma forma, como si fuera la única manera de alcanzar la perfección en la oración a que están llamados por Dios.

[12] La llamada del cristiano a experiencias "místicas" puede incluir tanto lo que Santo Tomás califica como experiencia viva de Dios a través de los dones del

Espíritu Santo, como las formas inimitables (a las que, por tanto, no se debe aspirar) de donación de la gracia (cfr. Sto. Tomás de Aquino, *Summa Theologiae*, Iª, IIae, a. 1 c, como también a. 5 ad 1).

(http://www.vatican.va/roman_curia/congregations/cfaith/documents/rc_con_cfaith_doc_19891015_meditazione-cristianas_p.html)

NOTAS FINALES

1. J. Chryssavgis, Soul Mending: The Art of Spiritual Direction (Brookline, MA: Holy Cross Orthodox Press, 2000), 222. [Reparación del alma: el arte de dirección espiritual]
2. Adolphe Tanquerey, The Spiritual Life (Rockford, IL: Tan, reprinted 2000 [original 1930]), no. 533 (De diversis, sermo VIII, 7). [La vida espiritual]
3. Vincent Ferrer, Treatise on the Spiritual Life (Fitzwilliam, NH: Loreto Publications, 2006), 9. [Tratado de la vida espiritual]
4. Charles Hugo Doyle, Guidance in Spiritual Direction (New York: Roman Catholic Books, 1956), 8. [Consejo en la dirección espiritual]
5. Beato Juan Pablo II, Exhortación apostólica sobre vocación y misión de los laicos en la Iglesia y en el mundo *Christifidelis Laici* (30 de diciembre de 1988), no. 58.
6. Reginald Garragou-Lagrange, Las tres edades de la vida interior (Rockford, IL: Tan 1989), 381 [Réginald Garragou-Lagrange, Three Ages of the Interior Life].
7. Francis de Sales, Introduction to the Devout Life (New York: Doubleday, 2003), Part IV, Chapter 14 on Dryness and Spiritual Barrenness. [San Francisco de Sales, Introducción a la vida devota, Parte IV, Capitulo 14 De la sequedad y esterilidad espiritual].
8. Para otra perspectiva fiel sobre la Nueva Era y la Iglesia Católica, véase el sitio web de Sharon Lee Giganti: www.NewAgeDeception.com.
9. ENDOW: Educando sobre la naturaleza y la dignidad de mujeres se puede encontrar en www.endowonline.org.

10. www.WalkingWithPurpose.com. [Caminando con propósito]
11. www.CSSProgram.net. [Estudios Católicos de las escrituras]
12. www.DisciplesofJesúsandMary.org. [Discípulos de Jesús y María]
13. J. Chryssavgis, 207.
14. *El Sacerdote, Confesor y Director Espiritual, Ministro de la Misericordia Divina* es disponible para descargar o bajar de la Congregación para el Clero en http://www.clerus.org/clerus/allegati/2639/Sussidio_per_Confessori_es.pdf
15. "La clasificación del alma" se refiere a una manera de entender en qué fase está la vida espiritual del dirigido, y, por tanto, en qué se debería enfocar la dirección espiritual. Estas clasificaciones se pueden encontrar en la sección titulada, "Los Tres Caminos de la Vida Espiritual."
16. J. Chryssavgis, 180.
17. Vale la pena notar que hay desacuerdo entre personas de buena voluntad sobre si un director debería cobrar por sus servicios o no. La posición de este libro no es proponer o argumentar sobre una opción u otra sino enfocarse en el corazón del dirigido.
18. Santa Teresa de Jesús, Libro de la Vida. Capítulo 6:8. http://www.mercaba.org/FICHAS/Santos/TdeJesus/libro_de_la_vida.htm
19. The Three Ages of the Interior Life, Part 1, Chapter 6. [Las tres edades de la vida interior, Parte 1, Capítulo 6.]
20. St. Louis De Montfort, True Devotion to Mary (Bay Shore, NY: Montfort Publications, 2006), 113-114. [San Luis María Grignion de Montfort, La Verdadera devoción a María].
21. Ibid., 106.
22. Santa Teresa de Jesús, Las Moradas del Castillo Interior. Moradas Primeras, capítulo 2:12, http://dfists.ua.es/~gil/las-moradas-del-castillo-interior.pdf
23. The Three Ages of the Interior Life, Vol I, Part 2, Chapter 22. [Las tres edades de la vida interior, Vol I, Parte 2, Capítulo 22].
24. Adapted from Ibid., 316-318. [Adaptado de Ibid].
25. Charles George Herbermann, The Catholic Encyclopedia, An International Work of Reference on the Constitution, Doctrine, Discipline, and History of the Catholic Church (NY: The Encyclopedia Press, 1914), Vol 14, 254. [La Enciclopedia Católica, Una obra

internacional de fuente sobre la constitución, doctrina, disciplina e historia de la Iglesia Católica].

26. Eugene Boylan, Difficulties in Mental Prayer (Princeton, NJ: Scepter Press, 1997), 13. [Dificultades en la oración mental].

27. Santa Teresa de Jesús, Las Moradas del Castillo Interior. Moradas Primeras, capítulo 1:1-3, http://dfists.ua.es/~gil/las-moradas-del-castillo-interior.pdf

28. Santa Teresa de Jesús, Las Moradas del Castillo Interior. Moradas Primeras, capítulo 1:7, http://dfists.ua.es/~gil/las-moradas-del-castillo-interior.pdf

29. Jean-Baptiste Chautard, El Alma de todo apostolado. Aunque Chautard recomendaba la clasificación de peregrinos para ayudarlos mejor con dirección espiritual, esta aplicación de la clasificación de Chautard se encuentra únicamente en este libro y el autor no se ha dado cuenta de esfuerzos similares en las obras de Chautard para alinear sus clasificaciones con los tres caminos tradicionales. (The Soul of the Apostolate (Rockford, IL: 1989), 177-179.)

30. http://www.ewtn.com/Devotionals/prayer_saint.htm

31. Fíjate bien que aunque este nivel de madurez todavía está en la etapa purgativa, es una forma de oración significativamente más elevada que el de la etapa anterior, y a veces requiere mucho más tiempo y energía para alcanzar, aunque, finalmente es Dios el que decide cuánto progreso se hace a pesar del esfuerzo puesto.

32. Santa Teresa de Jesús, Las Moradas del Castillo Interior. Moradas Tercera, capítulo 1:5. http://www.dfists.ua.es/~gil/las-moradas-del-castillo-interior.pdf

33. Aunque Santa Teresa no usa el lenguaje de los tres caminos, hay consenso general que sus primeras tres mansiones, o moradas, reflejan las realidades del camino purgativo.

34. Santa Teresa de Jesús, Las Moradas del Castillo Interior. Moradas Segunda, capítulo 1:2-11. http://www.dfists.ua.es/~gil/las-moradas-del-castillo-interior.pdf

SPIRITUAL DIRECTION SERIES

SOPHIA INSTITUTE PRESS

If this book has caused a stir in your heart to continue to pursue your relationship with God, we invite you to explore two extraordinary resources, SpiritualDirection.com and the Avila Institute for Spiritual Formation.

The readers of SpiritualDirection.com reside in almost every country of the world where hearts yearn for God. It is the world's most popular English site dedicated to authentic Catholic spirituality.

The Students of the Avila Institute for Spiritual Formation sit at the feet of the rich and deep well of the wisdom of the saints.

Sophia Institute

Sophia Institute is a nonprofit institution that seeks to nurture the spiritual, moral, and cultural life of souls and to spread the Gospel of Christ in conformity with the authentic teachings of the Roman Catholic Church.

Sophia Institute Press fulfills this mission by offering translations, reprints, and new publications that afford readers a rich source of the enduring wisdom of mankind.

Sophia Institute also operates the popular online resource CatholicExchange.com. *Catholic Exchange* provides world news from a Catholic perspective as well as daily devotionals and articles that will help readers to grow in holiness and live a life consistent with the teachings of the Church.

In 2013, Sophia Institute launched Sophia Institute for Teachers to renew and rebuild Catholic culture through service to Catholic education. With the goal of nurturing the spiritual, moral, and cultural life of souls, and an abiding respect for the role and work of teachers, we strive to provide materials and programs that are at once enlightening to the mind and ennobling to the heart; faithful and complete, as well as useful and practical.

Sophia Institute gratefully recognizes the Solidarity Association for preserving and encouraging the growth of our apostolate over the course of many years. Without their generous and timely support, this book would not be in your hands.

www.SophiaInstitute.com
www.CatholicExchange.com
www.SophiaInstituteforTeachers.org

Sophia Institute Press® is a registered trademark of Sophia Institute.
Sophia Institute is a tax-exempt institution as defined by the Internal Revenue Code, Section 501(c)(3). Tax I.D. 22-2548708.